Moi, leader

Groupe Eyrolles
61, bd Saint-Germain
75240 Paris Cedex 05
www.editions-eyrolles.com

Deux des outils de navigation présentés dans ce livre, font l'objet de titres de propriété intellectuelle déposés par Nextmodernity SAS et Nextcreativity SAS :

- la Boussole Orientée Motivation (BOM),
- le Baromètre Attitude Leader (BAL).

L'utilisation professionnelle de ces deux outils est réservée aux personnes certifiées par Nextcreativity SAS.
Plus de renseignements sur www.moileader.fr

Avec la collaboration de Dylan Hobéniche
Photos : Yves Samuel

Création de maquette et composition : Hung Ho Thanh

ISBN : 978-2-212-56342-9

Isabel Fouchécour

Nathalie Renard

Moi, leader

8 étapes pour développer une attitude créative, intuitive et audacieuse

EYROLLES

À nos leaders en devenir :
Adèle et Hector,
Audrey et Marie,
Léna…

SOMMAIRE

Avant-propos

Vous allez être surpris(e). Peut-être. Parce que nous parlons de leadership comme annoncé sur la couverture ? Non. Parce que nous allons nous adresser d'abord aux femmes. Soyons clairs : ce n'est pas un Parcours spécial femmes, et vous aussi, messieurs, êtes invités à le suivre (exceptionnellement, vous lirez un livre dont les accords se font au féminin, en vous rappelant que c'est ce que nous faisons régulièrement : lire des livres qui s'adressent aux deux genres, au masculin).

Le leadership ne se réduit pas à un modèle, en particulier un modèle qui serait lié au genre, comme si le leadership était plutôt une qualité masculine : il nous semble important de « refuser les différences entre les sexes liées aux qualités, aptitudes et compétences sociales et affectives »[1]. En revanche, « si les aptitudes n'ont pas de sexe, les comportements ont été à ce point incorporés qu'ils continuent à avoir un sexe »[2]. Des comportements dictés, entre autres, par des stéréotypes concernant les femmes comme les hommes, ce qu'ils sont et ce qu'ils font. Pour avoir la force d'y faire face ou de s'en détacher, il va falloir repérer ceux que nous avons intégrés à notre insu.

Pour les femmes, il sera question de développer une solide confiance en elles pour les combattre et ne plus redouter le fameux plafond de verre. Pour les hommes, il sera question de s'enrichir, en utilisant plus leur cerveau droit et ainsi éviter de possibles « mises au placard » ou burn-out.

Non seulement, il n'y a pas de spécificités liées au masculin ou au féminin, mais il existe autant de formes de leadership que de personnes, puisqu'il se nourrit des talents de chacun. Vous êtes unique ? Votre forme de leadership est unique.

Vous souhaitez donc développer VOTRE leadership ? Vous êtes la première, le premier, qu'il va falloir « embarquer »... dans un projet professionnel qui vous va. Qui correspond à vos talents et à vos motivations. Qui se nourrit d'une solide confiance en vous. Alors seulement, vous serez en mesure, si c'est votre chemin, d'embarquer d'autres personnes vers des destinations communes : projets, objectifs... Et de vous battre (oui, c'est encore un combat) contre les stéréotypes réducteurs.

Prendre en main sa vie professionnelle, c'est se mettre en route pour un long **voyage**, avec l'envie de conquérir de nouveaux territoires. Dans le même état d'esprit que les grands explorateurs : prendre une direction, tout en ne sachant pas exactement ni à quoi ressemblera le point d'arrivée, ni ce que nous rencontrerons en route. Chaque étape vous proposera des expériences, personnelles et professionnelles, et vous donnera des informations complémentaires qui seront autant d'opportunités pour affiner votre stratégie de navigation et vous aguerrir.

Pour réussir ce voyage, la motivation est évidemment essentielle… mais elle ne suffit pas. Il est important d'être préparé(e) et équipé(e), c'est ce que nous vous proposons dans ce livre. Vous préparer et vous équiper de l'indispensable **Boussole Orientée Motivation®**, du **Baromètre Attitude Leader®** et autres outils de navigation, en vous faisant profiter de notre expérience de coachs d'entrepreneurs, de managers et de formateurs en entreprise.

Isabel et Nathalie

Comment utiliser ce livre ?

Curiosité **Spontanéité**
À son rythme
Plaisir **Vérité** Régularité

Ce livre est un Parcours, un peu comme une chasse au trésor. Il vous propose une étape par semaine (et rien ne vous empêche d'en faire une toutes les deux semaines, selon votre emploi du temps).

Résistez à l'envie de le lire d'une traite avant d'entamer votre voyage : vous perdriez l'effet de surprise, l'envie de terminer une étape pour découvrir ce que vous réserve la suivante.

À chaque étape, son thème, avec des activités, des témoignages, et les questions qui nous sont régulièrement posées par ceux et celles que nous accompagnons.

Ne vous « prenez pas la tête » avec les activités : il n'y a pas de réponses justes ou fausses. Notre objectif est de vous accompagner en douceur, de petit pas en petit pas. Notre cerveau résiste aux grands changements, nous ont appris les recherches en neurosciences. Elles nous montrent aussi que, pour l'amadouer, il y a deux stratégies efficaces : prendre son temps et jouer.

Ces activités sont des expériences pour réveiller l'exploratrice qui est en vous, pas des devoirs. Votre atout majeur pour en renforcer l'efficacité ? La spontanéité... Laissez votre cerveau faire les associations d'idées qui lui plaisent, pas celles qui vous confortent dans ce que vous êtes aujourd'hui. Amusez-vous à vous découvrir encore plus vaste que vous ne le croyez.

Même les explorateurs peuvent s'inquiéter : suis-je bien préparé ? Ai-je le niveau de... compétences/préparation/sécurité... nécessaire ? Rassurez-vous, laissez-vous embarquer dans ce voyage : les seuls accessoires indispensables se trouvent dans la première papeterie venue.

Dernier conseil : la régularité. La première semaine, vous serez peut-être tentée d'avaler une étape entière. Et puis, plus rien la semaine suivante. Un truc pour aller jusqu'au bout du voyage ? De petites plages de temps de 20 à 30 minutes inscrites dans votre agenda, comme des rendez-vous avec vous-même. Comme dit la publicité : « vous le valez bien ! »

Quelques accessoires utiles…

Ce livre est à vous, faites-en un objet personnel. Nous allons vous inviter à laisser libre cours à votre force créatrice : écrivez, coloriez, collez des photos ou des images, dessinez des pictogrammes… Faites-en un objet personnel, le carnet de bord de votre voyage. Un voyage au long cours : plus vous passerez du temps à l'enrichir, mieux vous intégrerez les différentes étapes qui vous sont proposées.

Certaines d'entre vous aimeront l'idée de rassembler tous ces éléments dans une trousse spéciale Parcours.

Un cahier de format A4, blanc de préférence, c'est-à-dire sans lignes.

Des feuilles A4.

Non seulement de quoi écrire, mais aussi des crayons de couleur, des feutres, au moins quatre couleurs… Ajoutez une gomme et un surligneur.

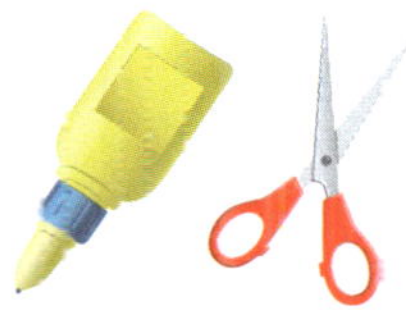

De la colle et des ciseaux.

Un Parcours en 8 étapes

« Je marche pour savoir où je vais.
Goethe[3]

Chaque étape vous propose une thématique différente à explorer ; chaque thématique correspond à un item à développer pour atteindre vos objectifs. Comme dans une chasse aux trésors, vous découvrirez au fur et à mesure de votre lecture des indices, des outils qui vous permettront de faire le point avant de passer à l'étape suivante. Une fois que vous aurez franchi avec succès toutes les étapes, vous aurez tous les atouts en mains pour développer un leadership créatif, intuitif et audacieux.

ÉTAPE 1
Vous avez dit… leadership ?
Ici, vous allez explorer ce mot mystérieux, leadership, et découvrir le Baromètre Attitude Leader®

ÉTAPE 3
(Re)découvrir et bo vos talents
Cinq talents, c'e le minimum…

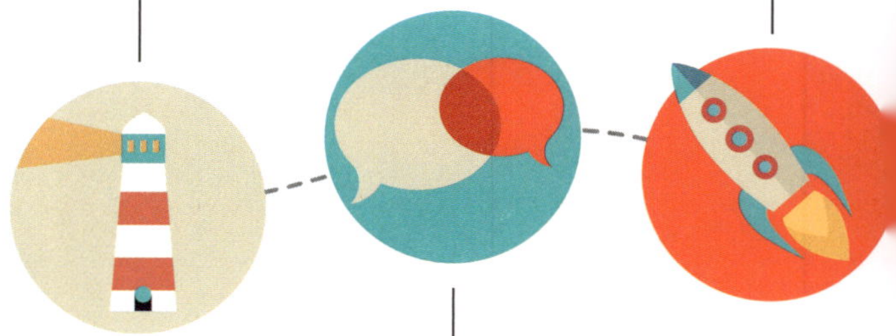

ÉTAPE 2
Apprendre à dire je… pour mieux écouter
Où il sera question de vos « petits moi » et de vos passions

ÉTAPE 4

Confirmer votre direction

Vous découvrez votre Nord personnel grâce à la Boussole Orientée Motivation®

ÉTAPE 5

Faire votre Carte Itinéraires

Où vous tracerez la Carte de votre futur proche

ÉTAPE 6

Vous rendre visible

À vos couleurs !

ÉTAPE 7

Développer votre réseau

Encore une Carte : celle de votre réseau

ÉTAPE 8

Ce n'est pas fini...

Comment ne pas interrompre un voyage si bien commencé...

Dans vos bagages…

Le Baromètre Attitude Leader®

Lorsque vous aurez découvert les cinq attitudes-clé d'un leader, vous pourrez vous positionner grâce à ce Baromètre, puis suivre votre évolution tout au long du Parcours.

La Boussole Orientée Motivation®

Comment savoir si vous prenez la bonne direction, celle qui va pleinement vous motiver ? Après avoir identifié les quatre éléments fondamentaux qui la structurent, vous découvrirez votre Nord personnel. Et vous pourrez utiliser votre Boussole dans de nombreuses situations.

Des Cartes

Elles sont au nombre de trois :

- la Carte de vos Talents vous permettra de les visualiser, de les relier entre eux, de les affirmer ;
- la Carte Itinéraires vous permettra de simuler des trajectoires qui vous intéressent avant de les valider avec votre Boussole ;
- la Carte Réseau vous aidera à voir que votre réseau est peut-être plus étendu que vous ne le pensez, à pointer les personnes qui peuvent vous soutenir dans vos projets.

Une Trousse Anti-Stress

Pour le cas où le pas de côté que nous vous proposons provoque une légère montée de stress, nous avons prévu cette trousse : des trucs et des astuces pour retrouver calme et sérénité.

Un Passeport Bien-Être

Vous êtes unique, vos besoins sont donc uniques. Selon votre tempérament, vos rythmes, les orientations possibles seront un peu différentes. Faites donc le point sur des aspects qui peuvent impacter l'expression de votre leadership.

Une Boîte à Outils

Quatre outils qui vous seront utiles à différents moments du Parcours… et même après.

Voyagez en compagnie…

Ce livre vous invite à un voyage au long cours. Pourquoi ne pas le faire en bonne compagnie ? Vous pourrez ainsi partager vos étonnements et vos questionnements. Et vous enrichir de ceux des autres. Les avantages sont nombreux : compréhension, écoute, émulation, stimulation, soutien…

Deux formules sont possibles pour réaliser ce voyage : vous pouvez être jusqu'à quatre à faire le Parcours ensemble. Et, à intervalles réguliers, vous partagez vos impressions. Tout est bon : photos, Skype, mails, rendez-vous au café du coin… à vous de voir.

Ou plus simplement, vous proposez à une personne, de votre cercle rapproché, parmi celles qui vous soutiennent quoiqu'il arrive, de vous « accompagner ». Comme dans les courses en solitaire où le marin est en permanence connecté à son équipe à terre.

↗ Portrait de groupe

- Collez ici la photo des personnes qui vous accompagnent : qu'elles fassent le Parcours ou vous soutiennent dans votre démarche. Pas de photo ? Image ou dessin, collez un symbole qui les caractérise.
- En quelques mots, écrivez ce qui a guidé votre choix : cette personne est dans la même situation que vous ? Elle a de l'expérience et vous lui faites confiance ? Elle vous stimulera pour aller jusqu'au bout ? Elle vous fait rire ? Etc.

Photo de votre soutien

Pourquoi elle, ou lui ?

Photo de votre soutien

Pourquoi elle, ou lui ?

Photo de votre soutien

Pourquoi elle, ou lui ?

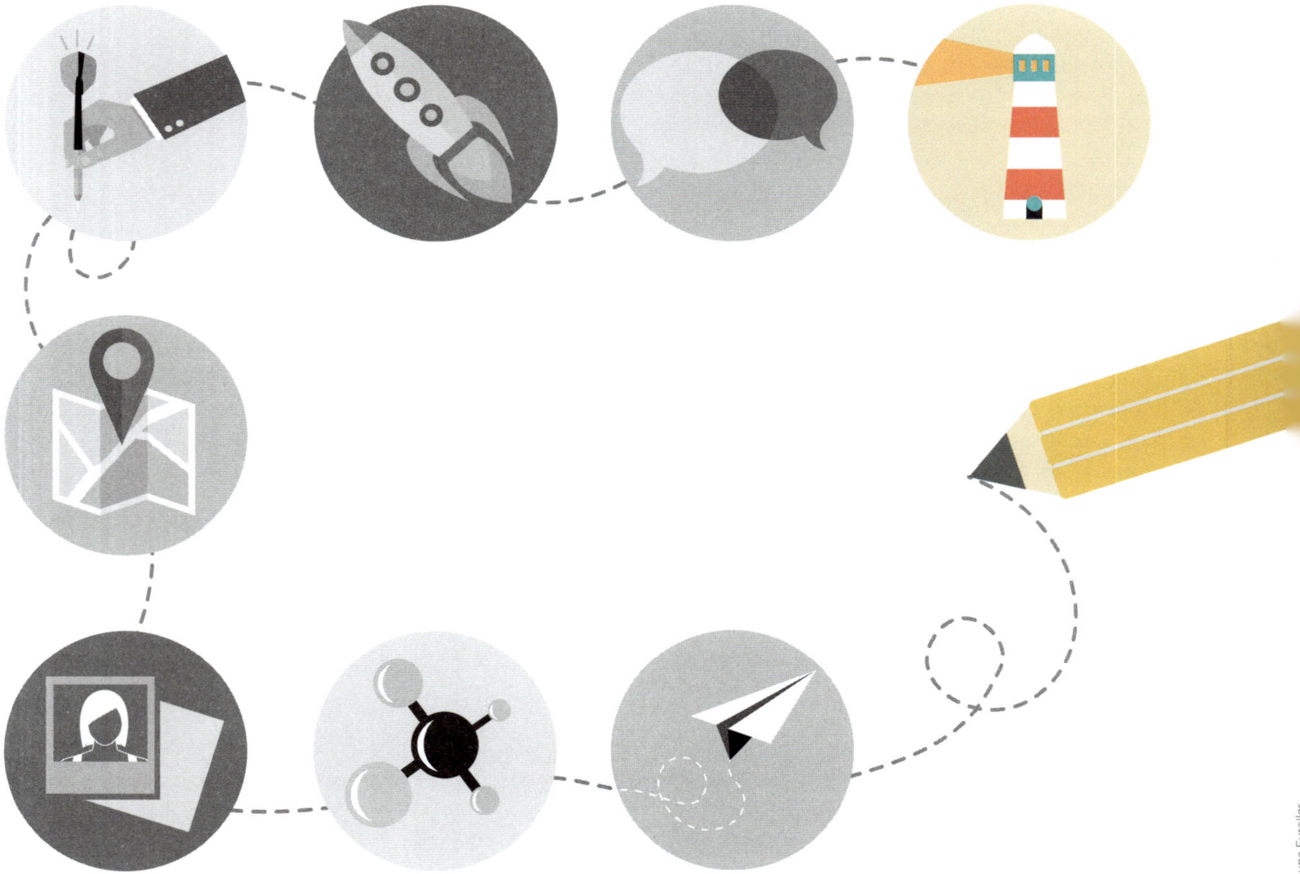

ÉTAPE 1

Vous avez dit... leadership ?

Votre objectif, puisque vous vous êtes engagé dans ce Parcours : développer votre leadership. Mais qu'entend-on par leadership ? Et surtout, vous, qu'en attendez-vous ?
Leadership, mot anglais qui nommerait la qualité première d'un leader, est un mot-valise : chacun d'entre nous en a une vision différente. C'est le moment de faire le point. Qu'est-ce que vous mettez derrière ce mot : vos croyances, vos a priori, vos attentes aussi... Nous ferons un sort à quelques stéréotypes, ces idées reçues qui font parfois obstacle à nos avancées professionnelles. Et, surtout, nous regarderons ensemble les attitudes propres aux leaders. Quelle que soit leur forme de leadership, ils ont des comportements communs qui découlent de l'assertivité, la fameuse confiance en soi qui nous permet d'exprimer et de partager tranquillement nos idées. C'est dans cette première étape que vous allez découvrir et mettre en place votre premier outil de navigation : le Baromètre Attitude Leader®.

Qu'est-ce qu'un leader pour vous ?

Des leaders, vous en connaissez sûrement dans votre famille, dans votre entourage professionnel, dans votre club de sports... Et vous pouvez constater qu'il existe toutes sortes de leaders.

Les leaders se différencient d'abord par les talents qu'ils mettent au service de leur leadership. Certains possèdent naturellement l'art de fédérer, d'autres celui d'optimiser une situation, d'autres encore se distinguent par leur sens de la justice... Des talents que vous découvrirez au cours de l'étape 3. Ensuite par les domaines dans lesquels ils se manifestent : la politique, le social, la religion, les associations, le sport, l'éducation, la recherche, la culture, la création artistique et, bien sûr, l'entreprise. Enfin, par les causes qu'ils défendent.

Chacun de nous est sensible à certains leaders plus qu'à d'autres, en fonction de la cause et des valeurs qu'ils défendent, mais pas seulement. D'autres éléments entrent en ligne de compte, plus difficiles à cerner puisqu'ils relèvent à la fois de l'empathie, de la séduction, de nos perceptions sensorielles, mais aussi de notre histoire.

Votre vision du leadership a sans doute besoin d'être affinée ; nous vous proposons trois activités pour vous aider.

Dans la première, laissez-vous (ou pas) entraîner par des phrases inspirantes pour les autres de quelques personnes reconnues qui ont marqué l'histoire, leur temps.

Dans la deuxième activité, choisissez une phrase qui vous stimule, mettez-la en fond d'écran, ou sur un Post-it près de vous. Changez-la de temps en temps.

Dans la troisième, trouvez cinq leaders qui vous inspirent. Quelle que soit l'activité, rappelez-vous qu'il n'y a pas de bonnes ou de mauvaises réponses.

Entourez spontanément la ou les phrases qui vous inspirent. Sans chercher à les analyser ou à justifier votre choix. Certaines phrases peuvent être stimulantes ou porteuses d'énergie : profitez-en !

Choisissez une phrase de leader qui vous stimule, puis mettez-là en fond d'écran, ou bien inscrivez-la sur un Post-it que vous garderez près de vous. Changez-la régulièrement, au fil de vos découvertes.

Paroles de leaders sur le leadership

« Le leadership est une force qui encourage les participants d'un voyage à passer de l'état de passager à celui d'acteur d'une aventure.
Chris Viehbacher[4]

> **↗ Exercice pour aller plus loin**
>
> Dans un magazine ou un livre sur le sujet, sur Internet, au cours d'un séminaire ou d'une conférence, vous avez retenu une phrase sur le leadership qui vous inspire. Notez-la ici :
>
> ____
>
> ____

« Si tes actions inspirent les autres à rêver plus, apprendre plus, faire plus et devenir plus, tu es un leader.
John Q. Adams[6]

« Le leadership est une qualité humaine audacieuse qui entraîne autant qu'elle rassure.
Dominique Hériard Dubreuil[5]

« Vous n'avez pas besoin d'un titre pour être un leader.
anonyme

« L'art de diriger consiste à savoir abandonner la baguette pour ne pas gêner l'orchestre.
Herbert von Karajan[8]

« La responsabilité incessante d'un leader, c'est de supprimer tous les détours, toutes les barrières, pour s'assurer que la vision est claire, puis réelle.
Jack Welch[7]

« Un leader est un marchand d'espérance.
Napoléon Bonaparte

« Un leader sait ce qu'il faut faire ; un manager sait seulement comment le faire.
Kenneth I. Adelman[10]

« Le leadership traduit la capacité d'un leader à obtenir de ses équipes une adhésion forte et durable à la réalisation d'un projet ambitieux.
Françoise Gri[9]

Les leaders qui vous inspirent…

Choisissez cinq leaders, femmes ou hommes, réels ou fictifs, que vous admirez pour leur leadership. Pour chacun(e), collez une photo ou un dessin, un portrait ou un détail qui les caractérise, façon jeu du *Pictionary*.

Qui ?

Pourquoi ?

Choisissez trois talents ou qualités que vous leur reconnaissez. Notez-les ici. Certains talents ou qualités peuvent apparaître plusieurs fois.

L'un des leaders choisis par Juliette M.

Qui ? Pierre Rabhi, essayiste, agriculteur biologiste et poète français

Pourquoi ? Pour sa vision simple de l'agriculture et le fait qu'il relie l'homme à son environnement naturel. Pour sa pédagogie chaleureuse.

Les qualités que je lui reconnais

- Visionnaire
- Respect
- Empathie
- Réalisateur : il met en œuvre ce qu'il propose.

Votre leadership aujourd'hui

Comment affiner votre vision du leadership ? En vous interrogeant sur ce que vous en attendez, sur vos motivations. Cette phase est indispensable pour avancer dans votre parcours.

Avant d'entamer un long voyage, il est toujours intéressant de faire le point sur ses motivations car elles seront les moteurs d'appoint dans les passages plus difficiles. Certaines de vos motivations sont probablement d'ordre professionnel : c'est un levier pour avancer, une façon de vous faire reconnaître, le moyen de faire passer vos idées. D'autres sont sans doute d'ordre plus personnel : renforcer votre assertivité, mettre de l'enthousiasme dans votre quotidien, exprimer plus largement votre créativité…

↗ Jeu de miroirs

Dans la liste des qualités et talents que vous avez repérés chez les leaders qui vous inspirent (page précédente), choisissez les trois que vous aimeriez développer ou renforcer.

- ______________________
- ______________________
- ______________________

Si un talent ou une qualité apparaît plusieurs fois dans l'activité précédente, vous devriez la mettre dans votre sélection.

Très souvent, ce que nous voyons, et parfois ce que nous envions, chez les autres – leurs qualités, leurs talents, leurs aptitudes – est en gestation en nous : les voir se manifester réveille notre appétence, nous rappelle que nous pourrions nous autoriser l'expression de ce talent. Pour mieux le développer.

↗ Pourquoi voulez-vous développer votre leadership ?

Voici quelques suggestions : à vous de compléter.

Je souhaite développer mon leadership pour :

- ☐ savoir me valoriser auprès de mon manager, ou de mes clients
- ☐ avoir plus d'opportunités dans mon travail
- ☐ mieux défendre mon point de vue en réunion
- ☐ motiver plus fortement mes collaborateurs
- ☐ ______________________
- ☐ ______________________
- ☐ ______________________
- ☐ ______________________

Le leadership dans votre histoire

Votre vision du leadership s'est développée et a évolué tout au long de votre vie, de façon pas toujours consciente. Vous avez d'abord été influencée par l'idée que s'en faisait votre famille, puis vous avez fait vos propres expériences… Tout au long de ces années, des freins comme des boosters ont pu se mettre en place. Voyons ce qu'il en est avec ce quiz concocté par Mark Bryan et Julia Cameron, spécialistes en créativité et coauteurs de *The Artist's Way At Work*[11].

Pourquoi faire vite ? Parce que la rapidité favorise la spontanéité, vous donnant ainsi accès à des intuitions, des réponses inattendues, mais toujours riches d'enseignement. La rapidité va donc vous aider à contourner votre censeur intérieur, celui qui croit qu'il n'y a qu'UNE bonne réponse et qui perd du temps à la chercher.

↗ Quiz : complétez les phrases suivantes aussi rapidement que possible.

1. Mon père pensait que ceux qui dirigent sont :

2. Ma mère pensait que ceux qui dirigent sont :

3. Dans ma famille, le leadership était considéré comme :

4. À l'école primaire, j'ai appris que le leadership était :

5. Au lycée, le leadership semblait :

6. Pendant mes études, le leadership était :

7. Dans les domaines extrascolaires, je considérais le leadership comme :

8. Le leadership, en sport, était :

9. Par définition, les leaders (dirigeants) sont :

10. Le problème avec le leadership (les dirigeants), c'est :

11. La raison pour laquelle je n'ai pas plus de responsabilités, c'est :

12. La raison pour laquelle j'aimerais avoir plus de responsabilités, c'est :

13. Ma crainte à propos du leadership, c'est :

14. Mon espoir à propos du leadership, c'est :

15. Mon projet en ce qui concerne le fait d'être un leader (responsable, dirigeant), c'est :

Leadership et stéréotypes

Certains stéréotypes sont tellement ancrés dans notre culture, dans nos habitudes, que nous les prenons pour des vérités, et nous oublions de les questionner. Concernant les hommes et les femmes, ils sont pléthores : qu'il s'agisse de leurs différences, de leurs relations…

Les hommes sont logiques, alors que les femmes ont de l'empathie… Vous l'avez remarqué ? Dans la vie professionnelle, les idées reçues, ou stéréotypes, concernent essentiellement les aptitudes et les comportements des femmes *versus* ceux des hommes. Or, concernant les qualités, les aptitudes et les compétences, les différences sont liées aux individus et non à leur sexe. C'est ce qu'a très bien démontré Brigitte Grésy dans son ouvrage *La Vie en rose.*

Pourtant, il y a des stéréotypes qui ont la vie dure et qui nous influencent, nous freinent, ou parfois encore se mettent en travers de notre chemin.

Qu'est-ce qu'un stéréotype ?

« Opinion toute faite, réduisant les singularités », dit le dictionnaire Le Petit Robert. Ou encore est stéréotypé ce qui *« paraît sortir d'un moule ; tout fait, figé ».* C'est exactement cela : les stéréotypes nous enferment dans un moule réducteur, nous figent dans une posture.

Il est donc temps de faire du tri entre vérités et idées reçues, afin de récupérer un peu de marge de manœuvre. Alors que faire face aux stéréotypes ? Le plus important est de les repérer pour ce qu'ils sont, en nous et dans notre environnement. Cela pourrait être une bonne idée de jouer aux enquêtrices, petit carnet (ou smartphone) en main, et de les lister. Ensuite, surtout dans les relations professionnelles, il ne s'agit pas de partir en croisade, ni de prendre le contrepied systématiquement : dans une culture encore très masculine, comme en France, le retour de bâton peut être violent.

Nous vous proposons ici une démarche en deux temps :

- découvrir quels stéréotypes vous avez intégrés et vous manipulent dans vos réflexions et vos actions ;
- muscler votre confiance en votre valeur, en vous rassurant sur qui vous êtes. C'est tout l'objet du parcours décrit dans ce livre.

Collez ici une image illustrant un stéréotype, ou véhiculant un stéréotype ; les publicités sont une mine d'inspiration par exemple

Vous comprenez peut-être mieux maintenant tout l'intérêt de ce début de Parcours sous forme d'introspection : plus vous serez au clair avec vos motivations et vos croyances concernant le leadership et les leaders, et plus vous gagnerez en liberté d'action.

Et maintenant, amusez-vous à débusquer les stéréotypes : dans les images, ou autour de vous.

Collez ici une image illustrant un stéréotype, ou véhiculant un stéréotype ; les publicités sont une mine d'inspiration par exemple

↗ Interroger les stéréotypes

Quels sont les stéréotypes à l'œuvre dans votre environnement professionnel ?

« *Le stéréotype est le contraire d'une vraie démarche de connaissance de l'autre. Il fait écran aux différences individuelles ou aux exceptions, et nous empêche de voir nos interlocuteurs tels qu'ils sont réellement.*

Christine Harache[12]

Les stéréotypes et vous

Repérer les stéréotypes à l'œuvre autour de soi, c'est assez facile. En revanche, découvrir ceux auxquels nous obéissons est moins aisé. Aussi ne vous précipitez pas, observez dans les jours à venir vos pensées, vos réactions…

Parce qu'ils sapent notre créativité, notre capacité à faire des pas de côté, parce qu'ils réduisent nos relations à des liens formels, il est important de prendre conscience des stéréotypes que nous avons intégrés et que, souvent à notre insu, nous transmettons.
Concernant le leadership, les stéréotypes liés au masculin et au féminin sont particulièrement pesants.

Des étiquettes qui vous collent à la peau

Dans *La Vie en rose*, Brigitte Grésy nous propose un vrai/faux[13] sur les étiquettes les plus courantes concernant les hommes et les femmes. Pour chacune des propositions pouvant faire l'objet d'un stéréotype (et que nous reprenons dans l'activité ci-contre), elle distingue clairement trois types de réponses :

- Oui, il y a (heureusement) une différence entre le masculin et le féminin concernant l'apparence et des jeux du corps.
- Non, il n'y a aucune différence entre hommes et femmes, concernant les qualités, aptitudes et compétences. Seulement des différences entre personnes.
- Oui et non, concernant les comportements performants. Sur certains points, dès l'enfance, l'entraînement est différent pour les hommes et les femmes, pour cause de croyances stéréotypées. Ce qui contribue à nourrir les stéréotypes.

Portrait de femme 100 % stéréotypé, décrit par Brigitte Grésy

> « *Je nais fille, je pleure, je m'habille en rose, je suis meilleure en lecture, je m'agite peu, je suis sérieuse à l'école, je séduis, je me laisse draguer par baisers volés, je suis la fée du logis, je m'occupe des enfants et des parents dépendants, je suis moins payée pour le même travail, je m'épuise au boulot sans perspective de carrière, je vis plus vieille, je meurs…*[14]

↗ Personnage stéréotypé dans la fiction

Heureusement, dans notre pays, ce type de personne a quasiment disparu. En revanche, dans la fiction… Quel personnage de film ou de roman pourrait illustrer, en partie, ce portrait :

____

↗ Masculin ou féminin ?

C'est plutôt féminin de...	De 0 à 3...	C'est plutôt masculin de...	De 0 à 3...
... vouloir persuader plutôt qu'imposer		... être courageux	
... être intuitive		... être stoïque	
... être douce		... ne pas montrer ses émotions	
... être empathique		... avoir le sens de l'avenir	
... être faible ou courageuse		... savoir commander	
... avoir une vision à long terme		... être dur	
Total		**Total**	
Total général			

↗ Tableau mode d'emploi

- Pour chaque proposition, dans les deux parties du tableau, évaluez l'influence de chacune de ces affirmations dans vos relations à vous-même, aux femmes et aux hommes qui vous entourent, à vos enfants, etc.
  0 = vous n'êtes pas du tout d'accord
  3 = vous êtes complètement d'accord
- Faites le total pour chaque colonne, puis additionnez-les pour obtenir le résultat final.

Résultat

Vous avez entre 0 et 12… Ou vous avez déjà procédé à un profond travail de décontamination, ou… vous pourriez vous reposer la question ?

Vous avez entre 13 et 24… Vous êtes dans la moyenne, gênée par les stéréotypes, en gardant une certaine marge de manœuvre.

Vous avez entre 25 et 36… Les stéréotypes pèsent lourd sur vos comportements. Ce Parcours devrait vous aider à les alléger en vous mettant plus en phase avec vous-même.

Total par tableau

Il y a une grosse différence entre les deux résultats ? Vous constaterez peut-être que vous avez intégré plus de stéréotypes sur l'un des deux, le masculin ou le féminin.

Leadership : ce que vous en retenez

Vous venez de réfléchir sur le leadership, le vôtre, celui des autres, celui que vous aimeriez développer… Qu'avez-vous découvert ? Une qualité particulière que vous aimeriez développer ? Un modèle qui vous inspire ? Une croyance bien établie ?

Prenez le temps de regarder attentivement vos réponses aux activités précédentes, puis écrivez ici vos premières réflexions, constatations, interrogations, découvertes… Bref, tout ce qui vous a marqué.

Vint un temps où le risque de rester à l'étroit dans un bourgeon était plus douloureux que le risque d'éclore.

Anaïs Nin[16]

L'humanité se divise en trois catégories : ceux qui ne peuvent pas bouger, ceux qui peuvent bouger, et ceux qui bougent.

Benjamin Franklin[15]

Leader : une question d'attitude

Vous avez désormais une idée plus précise de ce qu'est pour vous le leadership. Vous avez découvert que les leaders sont tous différents : à chacun ses talents, ses compétences. Pourtant, en termes de comportements relationnels, ils ont des points communs qui leur permettent de porter des idées ou des projets, et nous donnent envie de les soutenir et de les accompagner.

Les leaders ont trouvé un équilibre entre soumission et domination, ces deux attitudes extrêmes de la survie en groupe, nous expliquent les neurosciences. En nous référant aux travaux de Jill Flynn, Kathryn Heath et Mary Davis Holt[17], nous avons retenu cinq attitudes de leader, chacun les mettant en œuvre à sa façon, selon ses talents. À partir de ces données, nous avons créé le Barometre Attitude Leader qui va vous aider, dans un premier temps à vous situer. Puis, tout au long du Parcours que nous vous proposons, à voir votre évolution vers la zone d'équilibre, celle où vous vous sentirez tout à fait en confiance pour exprimer votre leadership... et contrer quelques stéréotypes.

Cela va mieux en le disant

Ce Parcours relève en partie du développement personnel. Il va vous donner des occasions de réfléchir, d'agir, d'expérimenter, comme nous le faisons avec nos « coachés ». Mais si votre absence de confiance en vous est très handicapante au quotidien, s'il persiste de gros nœuds remontant à l'enfance à dénouer, peut-être faudrait-il en parler avec un thérapeute.

Les cinq attitudes leader

Les leaders osent et savent très bien :

Le Baromètre Attitude Leader®

Le Baromètre, que vous trouverez p. 35, vous propose cinq barres d'évaluation, comme celle que vous voyez ci-dessous, chacune correspondant à une des cinq attitudes leader.

Chaque barre vous propose trois comportements : au centre, dans la zone d'équilibre, se trouve l'attitude leader. Aux extrémités, des comportements qui ne favorisent pas l'expression de votre leadership.

Ainsi, si vous n'osez pas encore prendre votre place, peut-être est-ce parce que vous vous occupez trop des autres. Ou peut-être parce que vous pensez que, dans la vie, c'est chacun pour soi. À vous d'évaluer où vous vous situez sur chacune des barres, dans les pages suivantes. À première vue, nous pourrions croire que le « travail » va consister à être un peu moins dépendant des autres ou un peu plus ouvert aux autres pour être avec eux. En fait, vous le découvrirez en explorant chaque barre du Baromètre, deux attitudes extrêmes et apparemment opposées ont pour racine la même peur. Une peur qui prend souvent racine loin dans votre histoire ou dans votre culture familiale. Lorsque vous l'aurez repérée, elle perdra un peu de son pouvoir, votre confiance en vous augmentera ; vous constaterez alors un regain d'énergie au quotidien : l'énergie que vous consacriez à réduire la peur viendra nourrir votre attitude leader.

Ma peur

À la fin de chaque étape, vous serez invitée à revoir votre Baromètre pour y indiquer les nouvelles positions de vos drapeaux… C'est un peu comme un journal de bord : « Tiens, j'étais là à ce moment-là, et maintenant j'ai avancé jusqu'ici. »

↗ Activité

- Munissez-vous d'un crayon et d'une gomme, vous aurez peut-être des hésitations, vous souhaiterez revenir sur vos pas pour ajuster un premier ressenti.
- Crayon en main, étudiez la première barre et les explications de chacune des trois propositions de comportement.
- Ressentez : où vous situez-vous ? Plutôt à droite de la zone d'équilibre ? Plutôt à gauche ? Marquez cet endroit d'un petit drapeau, sur la barre au-dessus ou directement dans le Baromètre. Puis indiquez la date.
- Faites la même chose pour chaque barre.

Attitude 1 : Prendre sa juste place dans un groupe

Je m'occupe d'abord des autres | **J'ose prendre ma juste place dans un groupe** | **Chacun pour soi**

Voici un bel exemple de comportement stéréotypé : les femmes concentrent leur attention d'abord sur les besoins des autres. Au détriment de vos aspirations profondes. Ou de votre santé lorsque cela se traduit par des charges supplémentaires. Cette attitude, qui part d'un bon sentiment, peut aussi cacher la peur de passer première de cordée : « Je suis un très bon second » dites-vous.

En pratique...

Ce qui vous importe : valoriser vos collaborateurs. Si vous êtes en entreprise, dans votre entretien annuel, vous ne mentionnez ni vos réussites de l'année, ni vos souhaits pour l'année à venir. D'ailleurs, vous n'avez pas pris le temps de vous projeter à cinq ans : cela dépendra des opportunités que l'on voudra bien vous présenter.

Vous prenez votre place au bon moment, et vous laissez de la place aux autres. Et vous le faites en confiance parce que vous savez quels sont vos talents, vos compétences. Vous pouvez donc tranquillement demander de l'aide. Vous savez également dire non à une sollicitation. Parce que vous respectez vos propres aspirations, vous ne vous laissez pas envahir par les besoins des autres.. D'ailleurs, vous connaissez vos besoins et les modes de fonctionnement qui vous conviennent le mieux.

En pratique...

Vous avez réfléchi à votre positionnement et vous avez mis en place une forme de plan de communication. Vous osez sortir de votre zone de confort pour défendre un projet. Vous vous sentez légitime pour monter sur scène et présenter votre point de vue.

Vous d'abord. Et pas question d'aider qui que ce soit. Après tout, dans le monde actuel, c'est chacun pour soi, retour à la loi de la jungle. Et comme vous êtes la meilleure... c'est normal que les autres vous rendent des services. Surtout si vous êtes leur chef. Narcisse est votre cousin.

En pratique...

Vous ne vous intéressez pas aux autres, la seule chose qui compte, c'est de briller auprès des décideurs. Vous vous exposez tellement que votre entourage finit par souhaiter que vous fassiez une erreur... pour vous donner une leçon, ou pour prendre votre place. Petit à petit, vos compétences s'amenuisent car, la jouant « perso », vous ne vous enrichissez plus en prenant en compte le point de vue des autres.

Ma peur
Je pense que je ne suis pas « aimable »

Attitude 2 : Prendre facilement des initiatives

Je cherche l'approbation — **Je prends facilement des initiatives** — **Je peux être agressif(ve)**

Il ne s'agit pas ici de modestie, mais de recherche permanente du consensus. Pas le consensus du type gagnant-gagnant, mais celui qui permettra d'éviter les vagues. Avec pour enjeu numéro « va-t-on m'apprécier, voire m'aimer ». Que ce soit par votre hiérarchie, vos pairs, vos clients, votre public ou votre équipe. Alors peu importe ce que vous, vous aimez faire, ce pour quoi vous êtes douée, toute votre énergie est utilisée à « vous faire bien voir ».

En pratique...

Vous écrivez un mail, un rapport, un projet, vous avez besoin de le faire valider, vous n'êtes pas sûre de vous. Vous utilisez l'autre comme couverture, comme assurance. En réunion ou en rendez-vous, vous cherchez le regard de quelqu'un pour vous assurer que vous ne sortez pas de la ligne de pensée, vous n'osez pas le pas de côté.

Le leader sait affirmer tranquillement sa différence, manifester ses talents et ses choix. Ce qui l'amène tout naturellement à être force de proposition. Dans certaines situations, vous osez faire les choses à votre façon, et sortir des processus routiniers.

En pratique...

Vous écrivez un mail ou un rapport, bien sûr vous le faites valider par voie hiérarchique s'il y a lieu, mais vous êtes sereine lorsque vous le remettez. Parce que vous avez confiance en vous, vous êtes aussi ouverte à toute suggestion d'amélioration, sans vous sentir remise en cause. En réunion, vous pouvez favoriser l'enrichissement d'un projet par l'apport de vos talents comme de ceux des autres participants. Vos présentations sortent souvent de l'ordinaire : plus visuelles que « bullet point ».

Comme vous avez peur de n'être pas entendue, que votre idée ne soit pas prise en considération, vous vous crispez, votre voix devient plus mécanique, et vous voilà devenue agressive. Parfois à votre cœur défendant. Mais vous pensez que dans ce monde dur, il faut savoir être dure. Vous vous êtes d'ailleurs forgée une carapace qui vous protège (jusqu'à un certain point) des retours de bâton.

En pratique...

Vous n'avez qu'un seul but : obtenir une promotion ou un rendez-vous, quoiqu'il en coûte. Vous êtes prête à tout. Votre devise : « On n'a rien sans rien ». En réunion, vous êtes impérative, et couper la parole des autres intervenants ne vous gêne pas.

Ma peur
Je ne suis pas sûre de valoir quelque chose

Attitude 3 : Manifester sa puissance personnelle à bon escient

Je suis modeste — Je me sers de ma puissance personnelle à bon escient — Je suis arrogant(e)

Vous avez un rapport ambivalent au pouvoir, vous pensez même ne pas mériter de réussir. Vous vous sentez parfois à la limite de l'imposture : « Suis-je légitime pour occuper ce poste, avoir ces responsabilités, proposer ce service », vous demandez-vous régulièrement. Et souvent, vous vous sentez obligée de vous justifier.

En pratique…

Vous parlez plus facilement de ce que vous ne savez pas faire que de vos compétences, ou de votre expertise. Et lorsque quelqu'un vous fait un compliment, vous vous sentez mal à l'aise et pensez « s'il savait ! ». Lorsque vous intervenez en réunion, c'est à peine si on vous entend, et vous préférez souvent vous faire oublier.

Vous savez donner envie de vous suivre, faire adhérer à votre cause. Et pour cela, vous vous servez très naturellement aussi bien de votre voix – vous savez raconter des histoires – que de votre corps : vos gestes et vos intonations sont en accord avec votre discours, sans avoir besoin de vous forcer. Vous êtes consciente de votre force de persuasion, et vous vous en servez à bon escient, au service des valeurs qui vous animent.

En pratique…

Vous n'avez pas peur de prendre la parole en réunion, même avec vos supérieurs hiérarchiques, ou des clients importants. Et votre regard rencontre celui de votre interlocuteur. Vous êtes entendue, et les résultats que vous obtenez vous sont attribués. Même dans les situations de stress, vous gardez vote calme.

D'accord, vous êtes talentueuse, mais est-ce une raison pour le clamer si haut ? Pour regarder certains collaborateurs (et même des clients) avec cette condescendance ? Vous voulez rester sur la marche la plus haute, vous ne voulez pas partager le pouvoir. Faire de l'ombre aux autres ne vous dérange pas.

En pratique…

Vous rappelez régulièrement à votre équipe que c'est vous qui dirigez : le collaboratif, très peu pour vous. Sauf si vous pouvez en récolter les lauriers. Que vous portez bien haut ! Cette attitude se traduit aussi dans votre gestuelle et votre *dress code* : si la provocation peut servir votre sentiment de supériorité… pourquoi pas ?

Ma peur
Ne pas être légitime

Attitude 4 : Être stratège

Je travaille très dur — **Bon sens et stratégie sont mes guides** — **Je suis un peu manipulateur(trice)**

Premier indice, vous faites des heures supplémentaires, plus que de raison, au prix parfois de votre équilibre personnel. Parce que c'est ainsi que l'on finira par reconnaître vos mérites, croyez-vous. Dans la journée, vous êtes centrée sur la tâche, les pauses-café, vous ne connaissez pas. Sauf si cela peut vous permettre de tenir le rythme plus longtemps.

En pratique...

Vous frôlez le *burn-out*, sans retour sur investissement. En particulier, vous ne prenez pas le temps minimum indispensable pour régénérer votre cerveau. En entreprise, vous êtes tellement efficace et travailleuse, sans jamais rechigner, que jamais votre manager ne voudra vous lâcher ! Ce n'est pas lui qui soutiendra votre candidature à un autre poste. Vous n'avez même pas le temps d'entretenir un réseau, encore moins de le développer.

Vous avez une bonne vision de votre marché, ou de l'organisation et de l'organigramme de votre entreprise. Vous savez donc à qui demander un soutien ou une information en cas de besoin. Ce qui vous permet de développer votre réseau. Vous avez trouvé un juste équilibre entre le temps consacré à la mission qui vous a été confiée, ou que vous vous êtes donnée, et les actions qui vous permettront de bouger dans votre secteur ou votre entreprise.

En pratique...

Vous connaissez bien vos collaborateurs et vous savez trouver pour chacun des leviers de motivation. Si vous êtes manager, vous avez le sens du rythme et savez instiller de la surprise dans le quotidien. Vous avez déjà réfléchi où vous aimeriez être dans cinq ans. Et, dans ce but, vous avez identifié les réseaux de décision.

Vous utilisez vos talents de stratège surtout pour vous. La réussite de la mission qui vous est confiée peut parfois passer après la réussite de votre projet d'avancement. La politique pour vous n'a pas de secret, et vous savez vous faire valoir auprès des personnes d'influence. Et si vous commettez une erreur, cela ne vous gênerait pas trop de faire glisser la responsabilité sur quelqu'un d'autre.

En pratique...

Vous n'hésitez pas à faire de la rétention d'information, ou à ne laisser filtrer que ce qui vous arrange. Vous connaissez vos objectifs non seulement à cinq ans, mais même peut-être à dix ans. Et vous avancez vos pions avec constance, au détriment parfois de votre concentration sur votre mission d'aujourd'hui.

Ma peur
Je ne mérite pas d'avoir du pouvoir

Attitude 5 : Jouer pour gagner

Je joue pour gagner

La sécurité d'abord

Je risque le tout pour le tout

Vous avez un poste avec quelques responsabilités. Si vous êtes perfectionniste, vous n'aimez pas vous tromper. Enfin, vous détestez les remarques qui pourraient vous être adressées. Votre talent, c'est plus la réactivité que la proactivité.

En pratique…

S'il existe une procédure, vous la suivez : pourquoi prendre le risque de vous tromper avec tous les désagréments qui s'ensuivront ? Vous vous assurez d'ailleurs que vos collaborateurs restent bien dans les clous : vous ne suscitez pas leur créativité. Par peur d'échouer, vous ne sortez jamais de votre zone de confort.

Vous mettez de l'énergie dans vos actions parce que vous voulez gagner. C'est une énergie ludique qui donne aux autres envie de jouer avec vous. Ils vous soutiennent, même dans des situations à fort enjeu, parce qu'ils savent que vous avez une vision claire de la situation, et un plan. Le plaisir du jeu ne vous fait pas oublier l'objectif : celui de la réussite professionnelle de votre projet, mission ou entreprise.

En pratique…

En réunion d'équipe, ou lorsque vous présentez un projet à un plus grand groupe, vous n'hésitez pas à surprendre. Le pas de côté ne vous fait pas peur, il vous amuse même : c'est votre fibre créative qui s'exprime. De toute façon, vos risques sont calculés : vous testez vos idées avant de les diffuser. Quoi qu'il en soit, vous saurez apprendre de vos échecs.

Votre carburant préféré, c'est l'adrénaline. Alors vous foncez, sans toujours réfléchir aux conséquences. C'est le défi pour le défi. Vous pouvez être très créative, proposer des idées très décalées. Mais vous oubliez de vérifier que cette prise de risque permettra vraiment d'atteindre vos objectifs, personnels et professionnels.

En pratique…

Votre dynamisme et votre grande énergie attirent et, en même temps, font peur : Où allons-nous ? Dans quel mur fonçons-nous ? Vous passez d'un seul élan de l'idée à sa mise en œuvre, sans prendre le temps de la peaufiner, de la perfectionner, voire de la valider avec votre entourage.

Mes peurs
Le futur et l'inconnu

Finaliser le premier état du Baromètre

Le Baromètre de Louise

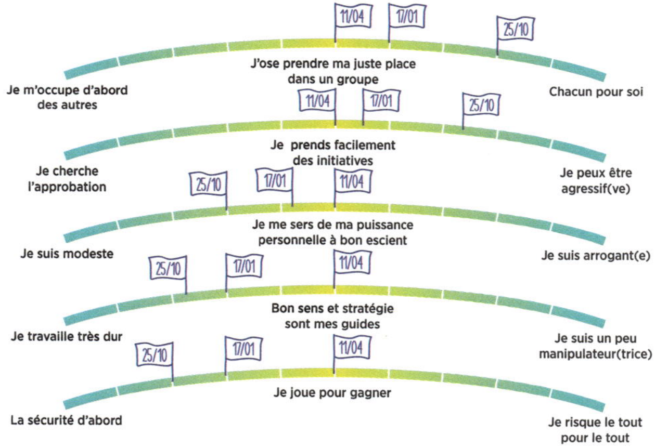

En remplissant son Baromètre la première fois, en janvier Louise, jeune manager dans une bancassurance, s'est rendue compte qu'il y avait surtout deux points qu'elle avait besoin de faire évoluer pour se sentir plus confortable dans son poste. En fin de Parcours, elle a constaté que même les autres points avaient bougé.

Respirez, tout va bien

Ce Baromètre ne regarde que vous. Personne n'a besoin de connaître les options d'amélioration que vous vous donnez. Il vous sera d'autant plus utile et précieux que vous serez juste avec vous-même. C'est-à-dire ni trop sévère, du genre « de toute façon je suis nulle », ni trop complaisante. La lucidité est un bel atout pour avancer.
C'est pour cela que nous vous recommandons de prendre le temps de le faire la première fois : posez vos drapeaux au crayon. Revenez-y le lendemain, ajustez éventuellement… et cette fois datez, coloriez, ce Baromètre est à vous.

↗ Remplissez votre Baromètre

Pages précédentes, nous vous avons invité à vous positionner sur chacune des barres du Baromètre. Si vous l'avez fait directement dans le Baromètre Attitude Leader ci-contre, rien à faire. Éventuellement à revalider gomme et crayon en main. Si non, reportez ici tous vos drapeaux. Et n'oubliez pas de mettre la date. Ce n'est pas fini : à la fin de chaque étape, nous vous proposerons d'aller revisiter votre Baromètre Attitude Leader pour voir ce qui aurait pu bouger. Sûrement pas toutes les barres chaque fois, mais au moins une ou deux. Toutes les activités de ce Parcours ont été conçues pour vous permettre d'évoluer à votre rythme, en douceur.

Mon Baromètre Attitude Leader®

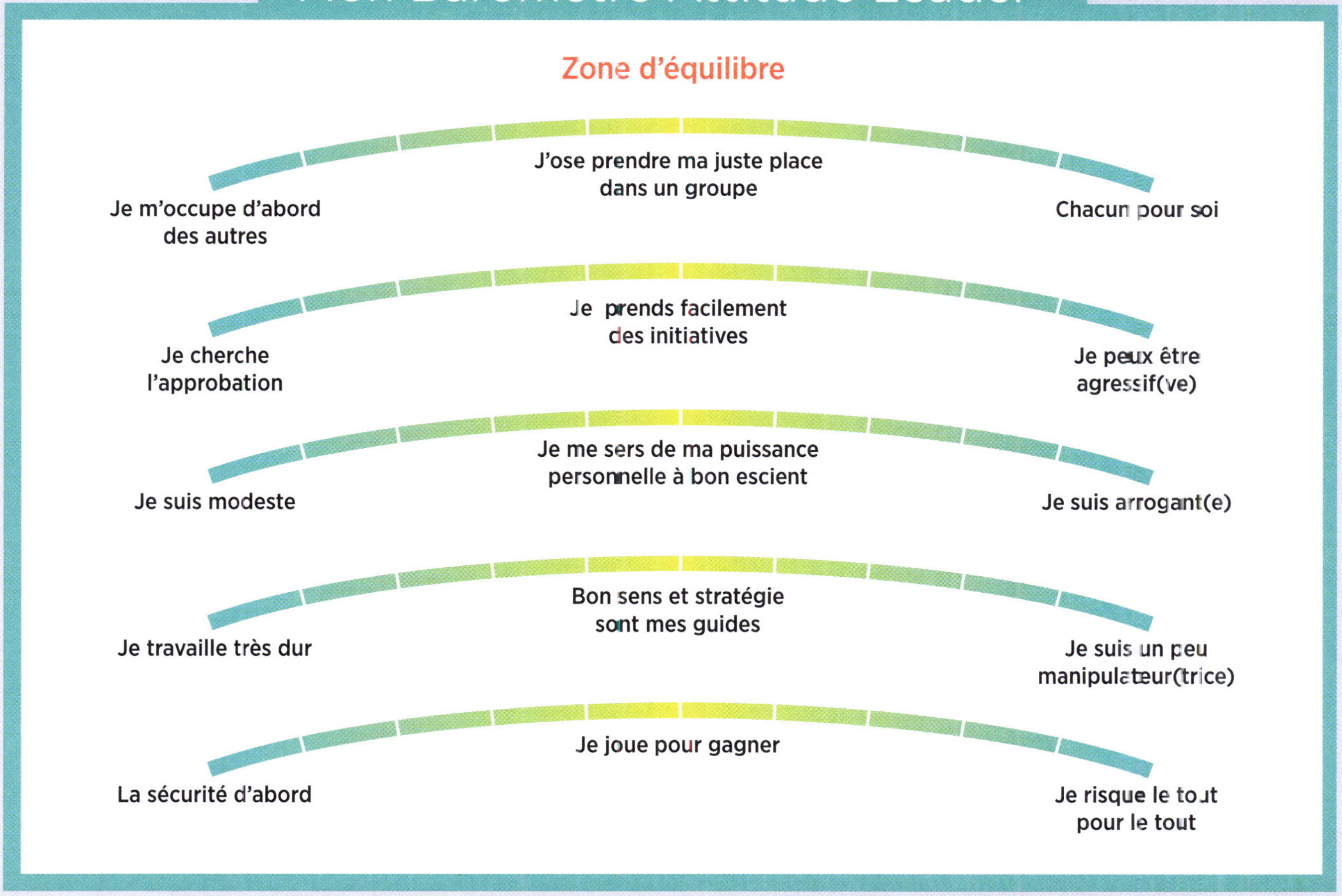

Téléchargez le Baromètre Attitude Leader® sur www.moileader.fr

Inspiration leadership

Nous vous avons posé beaucoup de questions et fait réfléchir sur différentes notions. Prenons le temps de faire une pause visuelle. Qu'est-ce que votre cerveau droit (cette partie du cerveau qui aime les images et s'amuser) retient de VOTRE vision du leadership ?

↗ Activité

Votre vision du leadership en image. Deux possibilités :

- Découpez des d'images qui parlent du type de leadership qui vous attire. Collez-les ici.
- Dessinez ce que vous ressentez : cela peut être aussi bien figuratif qu'abstrait, en noir et blanc ou en couleur...

POINT D'ÉTAPE 1

Vous avez dit leadership ?

Les points clés

- Il y a autant de formes de leadership que de personnes. Le leadership se nourrit des talents et compétences de chacun.
- Les leaders donnent envie de participer à leur projet, ils « embarquent » : des équipes, des clients, des lecteurs, des bénévoles, des spectateurs…
- Des stéreotypes puissants pèsent encore sur les hommes, les femmes, leur relation entre eux, leur relation au travail et leur vision du leadership.
- Parce qu'ils ont confiance en eux, et qu'ils croient à ce qu'ils proposent, les leaders développent cinq attitudes clés.

Les exercices et expériences

- Y voyez-vous plus clair dans vos motivations pour suivre ce Parcours leadership ?
- Avez-vous repéré des stéréotypes bien installés dans votre entourage ? En vous ? Voyez-vous de quelle façon ils brident votre creativité ?
- En regardant votre Baromètre, quelle attitude leader avez-vous le plus besoin de travailler ? Quelle est celle qui est déjà en place ?

En route pour la deuxième étape !

ÉTAPE 2

Apprendre à dire je… pour mieux écouter

Le Baromètre vous a aidée à vous positionner sur la ligne de départ de ce voyage. L'étape 1 relevait de l'échauffement ; l'étape 2 va vous demander plus d'engagement personnel : nous vous proposons de commencer à vous révéler en disant « je » plus souvent. Pas seulement pour parler de vous, de vos envies ou de vos besoins, mais aussi pour partager vos réflexions, vos idées. Oui, mais, qu'est-ce que je pense vraiment ? nous direz-vous… Une seule façon de le savoir : vous écouter.

Nous vous proposons de le faire de différentes façons : en réalisant un Cahier Tendances, en écrivant vos Pages du matin, en écoutant vos « petits moi ». Il sera également intéressant de repérer les voix venues d'ailleurs, celles qui vous freinent ou vous stimulent. Enfin, faire de la place à vos Passions reste une source d'énergie et de confiance en soi inépuisable.

Du « on » au « je »

Avez-vous remarqué ? Dans une réunion, amicale mais surtout professionnelle, le « on » tient beaucoup de place, le « je » un peu moins. C'est qu'il a beaucoup d'atouts, ce « on ». Comment retrouver le chemin du « je » ?

Le « on » permet d'abord de moins s'impliquer, il laisse supposer que d'autres pensent comme vous. Il peut même évoquer d'autres personnes que vous. Bref, il se dissout dans le consensus mou… Puis il y a le « on » qui ne laisse pas de place aux autres. « On a chaud, ouvrons la fenêtre »… je généralise mon point de vue. Mais les autres, que ressentent-ils ?
« On » fait semblant de croire que tout le monde est pareil… Et il interdit le jeu du « je ». Celui où chacun a la possibilité d'enrichir le projet, le débat, de sa propre réflexion.
« On » est tellement partout que nous n'y prêtons même plus attention. Pour vous aider à retrouver le chemin du « je », celui qui vous permettra de vous affirmer, nous vous proposons une approche en deux temps : observer d'abord, agir ensuite.

! Le « nous » du management
Le manager leader utilise souvent le « nous », celui de la cocréation, de la coopération, de la valorisation de ses équipes. Mais le « nous » du manager passe par un « je » bien assumé.

Pourquoi apprendre à dire « je » ?

Un leader, c'est une personne qui sait partager ses passions, sa vision, son engagement. Il sait parler à la première personne, sans excès de modestie et sans arrogance. Le « je » du leader n'est ni envahissant, ni intrusif.

Mais n'est-ce pas une démarche égoïste ?

Au contraire, cela peut être très généreux : je contribue avec ce que je suis, ce que j'ai… je l'apporte dans le pot commun. Et je fais de la place à l'autre, pour écouter ce que « tu » as à me dire.

Les autres…

↗ Observez le jeu des « je »

Lors d'une prochaine réunion à laquelle vous participerez, munissez-vous d'un Post-it et d'un crayon. Une colonne pour les « on », une autre pour les « je », et un trait chaque fois que l'un ou l'autre est prononcé. Vous pouvez aussi prendre en compte les vôtres.
Résultat : combien de « on » ? combien de JE ?

ON ____________ JE ____________

... Et vous

Après cette phase d'observation, action ! Lors d'une prochaine réunion, efforcez-vous de dire « je ». Ou « nous », s'il s'agit d'un groupe de personnes définies. Ne foncez pas tête baissée. Si cette proposition éveille en vous une appréhension, c'est le moment de regarder d'un peu plus près ce qui peut vous faire peur. L'un des participants vous impressionne ? Craignez-vous son jugement ? Avez-vous peur de vous tromper ou d'avoir l'air de tirer la couverture à vous ? Peut-être préférez-vous attendre un peu pour cette partie du jeu des « je » : dans les prochaines pages, vous trouverez des activités qui vous aideront à vous affirmer tranquillement.

↗ Agissez le « je »

Écrivez d'abord vos craintes (si vous en avez) :

-
-
-

↗ Expérimentez le « je » en douceur

Choisissez une réunion où vous serez peu nombreux, dont l'enjeu n'est vital ni pour vous ni pour votre entourage. Lancez-vous avec un premier « je » et constatez : ça se passe bien ? Continuez...

C'est plutôt facile, en fait personne ne le remarque, pourtant, cela change un petit quelque chose à la dynamique de la réunion.

Vous avez essayé ? C'était comment ? C'est le moment de faire une « page en vrac » (voir votre trousse Anti-stress p. 62) : jetez sur une feuille toutes vos réflexions/ressentis/émotions/découvertes/... à résumer ici en trois points clés :

-
-
-

Étape suivante : si vous vous sentez en confiance, proposez ce jeu du « je » dans une réunion collaborative. Avec gages ludiques à l'appui ?

Comprendre ses peurs pour mieux les dominer

Lorsque vous éprouvez une inquiétude, une peur... regardez-la dans les yeux. En clair, décortiquez-la : elle est souvent composée de plusieurs éléments. Certains vont s'éliminer d'eux-mêmes, ou presque, parce que vous découvrirez qu'ils relèvent plus d'une croyance ou d'un a priori que d'un véritable handicap. Pour les autres, vous pourrez les traiter un par un, comme des dossiers : mes peurs, s'il vous plaît, pas toutes à la fois !

Trousse Anti-Stress *Respirez avant de parler > p. 63*

Écoutez-vous

« Je ne sais plus où je campe », « Je n'arrive plus à aligner deux idées », « Mais qu'est-ce que je veux vraiment ? », ... Pour pouvoir dire « je », il faut prendre le temps d'élaborer une pensée, de ressentir les choses, de faire des choix, bref, de à s'écouter.

Le sentiment de dispersion

Le sentiment de dispersion, voire d'éclatement, vous semble familier ? Vous avez souvent l'impression de ne plus bien savoir ce que vous voulez, à quoi vous tenez ? Ce sentiment est d'autant plus fort que, dans la relation à l'autre, il nous est demandé d'être lisible : « Ne me compliquez pas la vie avec vos contradictions, vos ambivalences, vos hésitations... Dans quelle case je vous mets ? »
À l'origine de cet inconfort, qui altère notre confiance et mine notre enthousiasme, cohabitent trois éléments :

- C'est devenu un lieu commun, mais c'est vrai, tous ces outils qui sont censés nous faire gagner du temps nous ont juste poussées, ou amenées, à en faire encore plus ;
- Lorsque nous ne sommes pas dans l'action, pour récupérer (croit-on), nous nous mettons en mode passif-remplissage : télé, grignotages, lectures ;
- Toute la société valorise le relationnel. Je suis quelqu'un de bien si je passe du temps avec les autres, si je donne du temps aux autres, si je suis dans le partage.

Nous allons donc vous inviter à retrouver toute votre richesse, votre pluralité, votre complexité, sources d'énergie créative... à l'aide de trois outils ou activités : le Cahier Tendances, les Pages du matin et les petits Moi.

J'écoute avec les yeux

Puisque nous sommes dans un monde d'images, commençons par là. Au lieu de laisser défiler ces images comme un long fleuve distrayant mais continu et sans relief, créez votre propre banque d'images, regardez, percevez, découvrez ce qui vous fait réagir. Il est temps de créer votre Cahier Tendances.

Saviez-vous que notre cerveau est d'abord visuel ? 75 % de nos neurones sensoriels sont dédiés au visuel et au spatial.

↗ Mon Cahier Tendances

Procurez-vous un grand cahier blanc, de la colle et des ciseaux. Au hasard de vos lectures, découpez les images qui vous touchent, qui résonnent, qui « vous parlent ». Puis collez-les dans ce cahier. Pas de thème particulier : tout est bon à prendre.
Il n'y a pas que les magazines : ce seront peut-être des images que vous découvrirez sur Internet ou la photo que vous prendrez à la volée avec votre smartphone : un objet, une affiche, une situation, une illustration de livre.

Votre Cahier Tendances est aussi intime qu'un journal. Vous devez vous sentir très libre d'y faire figurer tout ce qui vous touche et que vous n'avez pas obligatoirement envie de partager avec vos proches.
Si vous jouez le jeu de la spontanéité, vous serez parfois surprise par les images que vous sélectionnerez. C'est normal : nous sommes toujours plus riches et vastes que nous ne le croyons. C'est aussi bon signe : vous lâchez prise sur les a priori que vous pourriez avoir sur vous-même, sur l'image de vous que vous essayez de défendre. Votre Cahier Tendances, c'est déjà une façon de vous écouter, de cultiver vote sensibilité. Prenez votre temps, tout au long de ce Parcours. Il vous sera très utile dans les dernières étapes.

J'écoute, le stylo à la main

Il est temps maintenant d'aller écouter ce qui se dit en continu dans votre cerveau. Pas loin de 60 000 pensées par jour ! De tout : des idées, des critiques, des ressassements, des plaintes, des listes de course, des regrets, des rêves, Vider un peu le trop-plein va vous aider à désencombrer votre tête et à créer de l'espace au service de vos projets.
Le matin, lorsque vous êtes à peine réveillée... voici le meilleur moment pour vous écouter, avant que votre cerveau gauche n'ait pris la situation en main. Laissez faire votre main de manière quasi automatique. Autorisez-vous tout. À être généreuse, mesquine grognon, idéaliste, enthousiaste, maligne, pleine de contradictions, Vos instruments d'écoute ? Des feuilles ou un cahier A4, qu'importe, pourvu que le papier glisse bien. Et un stylo ou un feutre dont vous appréciez la sensation dans votre main, et son glissé sur le papier. Oui, le confort sensoriel favorise la qualité d'écoute, y compris entre soi et soi.
Si vous avez du mal à commencer, si rien ne vient spontanément, appuyez-vous sur ce type de phrases pour commencer : « Ce rêve, cette nuit... Je me demande... », ou « Ce dont j'ai le plus envie ce matin... », ou encore « Cela m'a vraiment fait quelque chose hier que... ».

« Je mets dans mes tableaux tout ce que j'aime. Tant pis pour les choses, elles n'ont qu'à s'arranger entre elles.

Picasso[18]

Si certains matins, 3 pages, cela vous paraît beaucoup, alors n'hésitez pas, suivez le conseil de notre ami James Navé[19] : écrivez très gros ! Ou faites comme nous : prenez un feutre à grosse pointe.

↗ Mes Pages du matin

- Mettez à côté de votre lit des feuilles ou un cahier blanc A4, et de quoi écrire. N'importe quoi pourvu que ça glisse tout seul sur le papier.
- Au réveil, installez-vous confortablement dans votre lit ou sur votre canapé, écrivez tout ce qui vient sans réfléchir, sans projet, sans vous arrêter. N'arrêtez jamais d'écrire. Quitte à commencer une liste de courses ou à réciter par écrit *Au clair de la lune*...
- Par association d'idées (le jeu préféré de notre cerveau), d'autres pensées vont émerger : «... mon ami Pierrot... ah c'est vrai, je devais appeler Pierre et... »
- Rédigez au moins une page, idéalement trois. Lorsque vous serez rodée, cela prendra 20 minutes. Si vous ne les écrivez pas un matin, reportez au lendemain : mieux vaut 3 à 4 fois par semaine que pas du tout.

Les Pages du matin, à quoi ça sert ?

Ces pages sont comme une purge de tout ce qui vous encombre plus ou moins consciemment et mobilise votre énergie. Au milieu de ces phrases qui sautent du coq à l'âne (comme dans notre tête, vous remarquerez), émergent ici et là des idées, des pistes d'action...

Ces Pages du matin sont une hygiène de vie qui agit sur notre cerveau comme une « surprenante toilette », qui le débarrasse des scories de la nuit et des « affaires en cours », pour aborder la journée avec une énergie renouvelée. Tout l'espace et l'énergie ainsi récupérés sont disponibles pour votre vie créative... Les blocages se résolvent plus vite, la fluidité est à l'honneur !

Ce qu'ils disent des Pages du matin

Elles m'ont donné l'autorisation d'être plurielle. J'ai toujours autant d'idées dans la tête mais je les maîtrise mieux. Avec les Pages du matin, je peux m'exprimer sans me censurer, et ça c'est une vraie découverte. Cet espace d'expression me permet d'être plus posée dans ma journée de travail, voire d'agir autrement. J'écoute mieux les autres pour savoir ce qu'ils ont à dire. C'est un moment précieux dans ma journée.

Karine M.

Et même si je n'ai pas tous les jours le temps de les faire dès le réveil, je prends un peu de temps avant de démarrer ma journée au bureau pour les écrire, parce que je sais que ma journée va en être modifiée. Je serai plus calme, plus à l'écoute des autres et moins réactif rebondissant sur une réflexion... Cela me donne aussi plus d'assurance quand je prends une décision. C'est un moment qui est entré dans ma vie maintenant un peu comme me brosser les dents tous les jours.

Adrien F.

« Nous appelons souvent les Pages du matin le drainage du cerveau, parce qu'elles servent à siphonner toutes les attitudes toxiques. (..). Vous pouvez vous attendre à trouver de tout dans vos Pages du matin : les aléas de vos relations, vos inquiétudes concernant vos parents âgés, votre colère contre celui qui s'est attribué le mérite de votre travail... Dans les Pages du matin, vous êtes libre de ressentir et d'être exactement comme vous êtes au moment où vous écrivez. Elles acceptent tout. [...] Ne cherchez pas à les adoucir. Les émotions, jugements et réactions extrêmes font partie de ce que les pages aident à clarifier et à démanteler. [...].

Soyez mesquin. Soyez pointilleux. Soyez stupide, joyeux, cruel, qu'importe. N'espérez pas de profondes pensées ou la révélation de sens cachés. Notez simplement ce qui vous vient à l'esprit, puis continuez à bouger votre main jusqu'à ce que vous ayez rempli trois pages. N'analysez ni vos pages, ni vous-même. Juste, écrivez. Et écrivez vite.

Les Pages du matin vont vous prendre du temps, mais elles vont aussi vous donner du temps en priorisant vos journées.

Mark Bryan et Julia Cameron,
les premiers à avoir modélisé cet exercice[20]

Lorsque j'ai commencé cet exercice régulier des 3 pages du matin, mon esprit se mettait à vagabonder dès la première demi-page, et s'inventait quelque chose de plus urgent à faire : une deuxième tasse de café, des mails à lire... Je me suis alors posée dans un endroit calme et dégagé à l'abri des sollicitations plus ou moins addictives.
En m'astreignant à laisser courir le stylo jusqu'au bout des trois pages « coûte que coûte », j'ai pris progressivement conscience de la densité de ces moments où j'étais enfin présente à moi-même. Et surtout je pouvais enfin activer sur commande cette présence à moi-même dans la journée, au lieu d'être perpétuellement en réponse aux sollicitations extérieures.

Marion T.

J'écris mes trois pages (presque) chaque matin assis à mon bureau dégagé, sur une feuille ivoire 90 g, et au stylo-plume noir. C'est devenu un rituel hors du temps, alors que tout le reste de la journée n'est que mouvement. De ce point fixe quotidien, jaillissent toutes sortes de choses, banales ou nouvelles, utiles ou pas.
Dans tous les cas, c'est pour moi l'assurance de commencer la journée sans avoir le cerveau « pâteux » !

Julien R.

Ce n'est pas évident si on dort avec quelqu'un...

Les Pages du matin peuvent se faire dans le lit, mais aussi à la cuisine en buvant son premier café, ou bien calée dans son canapé. C'est vrai qu'il vous faudra peut-être vous lever plus tôt, avant votre partenaire, ou avant les enfants, pour être au calme. Ou vous les écrirez plus tard dans la journée : mieux vaut tard que pas du tout ;-).

Qu'est-ce que je fais de toutes ces pages, une fois qu'elles sont écrites ?

Il y a deux « écoles » : il y a ceux qui gardent leurs cahiers ou leurs pages indéfiniment (comme Isabel). Et ceux qui s'en débarrassent au fur et à mesure (comme Nathalie)... Dans ce dernier cas, si cela est possible pour vous, je vous conseillerais de les garder un mois. Histoire de montrer un peu de respect pour ce que vous exprimez.
Mais le plus important, c'est qu'elles soient en sécurité, que personne ne puisse les lire. C'est la seule condition pour pouvoir vous sentir libre d'exprimer tout ce qui a besoin de l'être.

Est-ce que je peux les écrire sur mon ordinateur ?

Bien sûr, techniquement vous pouvez... mais ce n'est pas du tout la même chose. Lorsque vous écrivez, il se crée un lien direct entre ce que vous ressentez, votre bras, votre main, la sensation du stylo et du papier, ce que vous voyez apparaître sur le papier. Votre écriture peut se modifier spontanément d'une page à l'autre : plus grosse, plus serrée, selon ce que vous exprimez. C'est presque un dessin, et cela contribue à créer cette atmosphère d'intimité entre vous et vous. Après tout, il s'agit d'un rendez-vous très intime avec vous-même.

Ma première Page... de maintenant

Date : / /

Entraînez-vous, oui, juste maintenant, lâchez tout. Écoutez-vous...
5 minutes suffisent pour une si petite page.

Je repère mes voix intérieures

Vous l'avez sûrement remarqué dans vos Pages du matin, il y a dans votre tête des petites voix qui passent leur temps à commenter ce que font ou sont les autres... mais aussi, et surtout, ce que vous faites ou ce que vous êtes. Certaines vous freinent, d'autres vous encouragent.

Les petits Moi

Avec le Cahier Tendances, vous avez découvert ce qui vous touche, vous stimule... Avec les Pages du matin, vous avez découvert votre côté multi-facette... Voici le moment d'identifier quelques émetteurs de ces pensées. Un exemple ? Supposons que vous ayez l'habitude de passer vos vacances en famille, un rituel agréable et bien rodé. Mais cette fois-ci, vous avez envie d'autre chose : une escapade en amoureux, un Noël sous les tropiques, une semaine en solitaire, qu'importe... Il y a de fortes chances que, dans votre tête, des petites voix s'élèvent qui pourraient ressembler à ça : « Mais que va dire la famille ? ton partenaire ?... » « Tu as vu ton budget ? tu penses que c'est sérieux ? », mais aussi « Cela sera formidable, on va se retrouver comme à vingt ans/je vais enfin réaliser mon rêve de découvrir.../ », etc.

C'est un peu comme dans le film *Vice Versa* : il y a la Joie, le Dégoût, la Tristesse... comme autant de « petits moi », avec chacun son discours très caractéristique. À une différence près : nous avons beaucoup plus de « petits moi » que Riley n'a d'émotions !

Certains sont le résultat d'une éducation, d'autres reflètent notre tempérament... Il en est un que nous avons tous, ou presque, à la naissance : celui d'Explorateur. Rappelez-vous lorsque vous exploriez les placards de la cuisine, ou faisiez des expériences graphiques sur les murs du salon... Il y a de fortes chances que ce soit le même qui vous ait poussé à ouvrir ce livre. Il en est un autre, déjà évoqué : le Censeur.

Qu'est-ce qui caractérise les petits Moi ?

- **Ils sont simples.** Ils n'ont qu'une caractéristique. Par exemple, un « petit moi » ne peut pas être gentil et timide. Parce qu'un gentil n'est pas obligatoirement timide, et qu'un timide peut être méchant. Donc Gentil et Timide sont deux « petits moi ».
- **Ils peuvent se contredire :** je peux avoir un « petit moi » très rock'n'roll, qui cohabite avec un Moine solitaire. Ne cherchez pas la cohérence entre eux : nous sommes ainsi, plein de contradictions.
- **Ils ont souvent une phrase clé qu'ils répètent en boucle.** Ça peut aller de « Bof ! », à « Je ne pourrai jamais », en passant par « Fonce ! » ou « Carpe diem ».
- **Chacun des « petits moi » ne représente qu'une toute petite partie de chacun de nous.** C'est pourquoi leur nom ne peut pas être le vôtre. Vous les contenez, mais vous êtes bien plus vaste.
- **Ils font souvent écho aux stéréotypes que nous avons intégrés à notre insu.** Et lorsque leur voix nous envahit – celle de Doute par exemple, ils nous font croire qu'ils sont Nous. D'où l'intérêt de les repérer.

↗ À vous de jouer

Repérez cinq « petits moi » aussi bien agréables que désagréables, freinants, stimulants, ou neutres. Pas pour dresser un portrait exhaustif de votre personnalité, juste pour comprendre comment « ça » marche.

Dans les nuages, écrivez la phrase favorite de chacun d'eux. Et maintenant, jouez avec eux :

- À quoi ils ressemblent ? Un Arlequin ? Un juge droit et gris ? Un ours mal léché ? Un robot mécanique ? Une princesse ? Trouvez une image évocatrice ou dessinez-la. Pas d'inspiration ? Mettez juste la couleur qui leur sied, ou un picto façon emoji.
- Donnez-leur un nom qui leur va bien : une simple onomatopée, un nom inventé, un prénom (mais pas le vôtre), un qualificatif...

À la recherche de vos « petits moi »

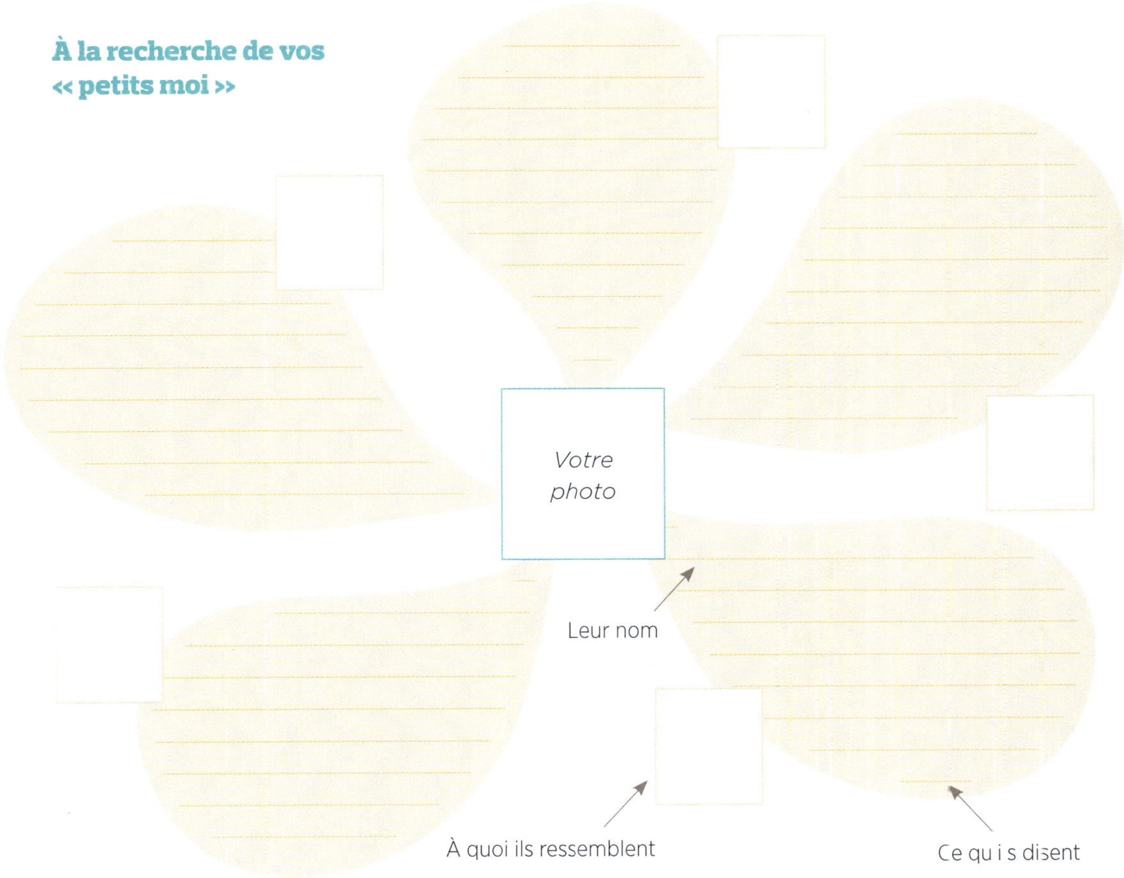

Certains de nos « petits moi » parlent de nos besoins. C'est peut-être le moment de commencer à faire le point sur vos besoins de base, avec votre Passeport Bien-Être, p. 126

Les « petits moi » sont le plus court chemin vers la permission d'être soi. Nos petits moi sont très nombreux, vous pourrez aussi en découvrir de nouveaux dans vos Pages du matin. Et peut-être vous amuser à les faire dialoguer ?

Pourquoi identifier ses « petits moi » ?

D'abord pour prendre conscience que nous sommes uniques et multiples à la fois. Ensuite pour les mettre à distance : lorsque vous vous sentirez bloquée, en perte d'énergie, demandez-vous quel « petit moi » vous dit quoi. Peut-être un « petit moi » qui exprime un besoin que vous n'entendez pas ? Peut-être un autre qui vous ressasse toujours la même croyance ?
Lorsque vous l'aurez entendu, vous serez plus libre. Plus libre, parce que vous aurez le choix : l'écouter ou non, le croire ou non, en tenir compte sans pour autant être à sa merci.
Au début, ce n'est pas facile de changer de chemin. Nous croyons encore un peu à leur discours. Mais au moins cela ne relève plus de la manipulation, nous savons. Puis, progressivement, nous nous libérons, nous nous autorisons, nous ne les écoutons plus vraiment… ou beaucoup moins souvent : nous avons pris goût à la liberté !

J'écoute mes « petits moi »

Dans les jours qui viennent, essayez de repérer vos « petits moi » en action. Par exemple celui qui vous souffle avant de présenter un projet : « De toute façon, tu ne sais pas vendre tes idées… »
Il y a ceux que vous avez repérés et peut-être de nouveaux… Ils se manifestent aussi bien dans la vie perso que dans la vie professionnelle. Et même dans les Pages du matin !

Son nom

Qu'a-t-il (-elle) dit ?

Dans quelles circonstances s'est-il (elle) manifesté ?

Qu'avez-vous fait ?

Son nom

Qu'a-t-il (-elle) dit ?

Dans quelles circonstances s'est-il (elle) manifesté ?

Qu'avez-vous fait ?

Son nom

Qu'a-t-il (-elle) dit ?

Dans quelles circonstances s'est-il (elle) manifesté ?

Qu'avez-vous fait ?

Son nom

Qu'a-t-il (-elle) dit ?

Dans quelles circonstances s'est-il (elle) manifesté ?

Qu'avez-vous fait ?

Les « petits moi » ont un chef d'orchestre, Je

Deux sources d'inspiration pour cette approche qui différencie le « je » des « petits moi » qu'il contient. « je » est infiniment plus vaste que la somme des « petits moi », même si parfois un « petit moi » peut prendre tellement de place que nous finissons par nous identifier à lui.

- Roberto Assagioli[20], disciple de Freud et de Jung, distingue le Je des sous-personnalités.
- Julia Cameron et Mark Bryan[21], co-auteurs de *Libérez votre créativité*, en ont fait un jeu-enquête pour repérer ses blocages à la créativité.

On retrouve aussi la manifestation de ces « petits moi » aux intérêts divergents sous forme de métaphores dans différents contes, dont la très ancienne légende hindou, le *Ramayana*[22].

Repérer les voix venues d'ailleurs

Au cours de son développement, notre cerveau a pris pour des vérités des voix venues d'ailleurs. Des voix qui n'étaient en fait que des croyances familiales ou culturelles, ou des opinions émises sur nous par des personnes de notre entourage. Vous avez déjà pu vous en rendre compte en faisant l'exercice : « Le leadership et moi ». Ils nourrissent également les stéréotypes. Il est temps de faire le tri.

On dit que…

Une croyance, c'est une affirmation que nous pensons vraie. D'où viennent-elles ? D'aucunes sont culturelles, et nous les avons adoptées. D'autres sont des généralisations que nous avons faites à partir de nos expériences, bonnes ou mauvaises. Puis il y a tous les stéréotypes dans lesquels nous baignons. Quelle que soit leur origine, nous en développons beaucoup au cours de notre vie. Elles structurent notre rapport au monde.

Les croyances sont si fortement incrustées dans nos bagages qu'il n'est pas toujours facile de les repérer. Certaines croyances sont positives et nous soutiennent dans nos relations aux autres. D'autres sont négatives et nous empêchent d'atteindre nos buts. Prenez votre temps, observez-vous, revenez-y plusieurs fois. Faisons le tri… et un peu de ménage.

Vos croyances positives, gardez-les ! Elles vous remonteront le moral, ou soutiendront votre dynamisme à l'occasion.

Vos croyances négatives : laquelle vous gêne le plus ? Laquelle pourriez-vous remettre en cause le plus facilement ?

Vous avez du mal à repérer vos croyances ?
Commençons par les croyances positives. Pensez à une situation de succès et posez-vous ces questions : qu'est-ce que cela prouve ? Qu'est-ce que cela montre ? Qu'est-ce que cela confirme que je savais déjà ?
Réitérez avec une situation d'échec pour déterminer vos croyances négatives.

Cela me sert à quoi de repérer mes croyances ?

Une croyance travaille en sous-marin : elle influe sur vos actions et votre énergie. D'une certaine façon, elle vous manipule. Dès que vous la repérez comme telle, vous récupérez une marge de manœuvre : celle d'y adhérer… ou pas !

« Il n'y a pas d'amour heureux »

« Demain est un autre jour »

« C'était mieux avant »

« L'habit ne fait pas le moine »

↗ Mes croyances

Notez ici 3 croyances positives	Notez ici 3 croyances négatives
•	•
•	•
•	•

« Je m'en sortirai toujours »

« Vouloir, c'est pouvoir ! »

« Je n'ai jamais de chance »

« Après la pluie, le beau temps »

Mes proches disent que...

Les voix de nos « petits moi » nous encouragent ou nous limitent. Il en va de même des voix des autres : nos proches, nos collègues, nos managers ou nos collaborateurs. Ce sont des voix d'aujourd'hui, ou des voix que nous avons entendues il y a longtemps, peut-être quand nous étions en primaire, et nous les croyons toujours !
Nous pouvons encore nous souvenir très précisément du jour où la maîtresse, penchée sur notre cahier a dit : « Mmmmh ! Je suis déçue, j'attendais mieux ! », la même qui dira plus tard : « Vous devriez déjà être en train d'écrire un livre ! ».

Les fidélités inconscientes

Nous sommes en fait plus fidèles que nous ne le croyons. À nos parents, à nos ascendants, à notre culture. Rien à redire lorsque nous en sommes conscients et que cette fidélité est un libre choix. Plus complexe, parfois handicapant, lorsque nous n'en avons pas pris conscience... Nous pouvons ainsi développer un comportement rebelle pour mieux masquer une fidélité cachée.
Pour explorer ces fidélités, le Professeur Anne Ancelin Schützenberger[23] a développé la psychogénéalogie qui nous permet de démasquer ces « petites voix » transmises parfois de génération en génération, et prenant parfois la forme de « petits moi ».

> *« On abandonne les trois quart de nous-mêmes juste pour être comme les autres.*
>
> **Arthur Schopenhauer**[25]

Ils comptent pour nous...

Ce sont nos amis, nos collègues, nos voisins, notre famille et leurs voix comptent pour nous. Et c'est normal : depuis l'enfance, tout être humain cherche d'abord à faire sa place dans le groupe, à s'intégrer, et même à plaire : dans nos premières années, notre survie en dépend.
Devenus adultes, il est important de faire le tri car ces voix peuvent nous influencer, et même nous détourner de nos désirs profonds.
En créativité, c'est ce que Kobus Neethling[24] appelle « le courage d'être le seul » à défendre une idée, une position. Ce courage, en traversant quelques zones de peur, se muscle peu à peu. Il grandit, et continue à grandir en même temps que votre confiance en vous.

↗ Les voix des autres

Elles vous limitent, vous font douter de vous

Représentez-les (de qui s'agit-il), et écrivez ce qu'elles vous répètent encore régulièrement.

- **Dans votre vie personnelle**

- **Dans votre vie professionnelle**

Elles vous encouragent, vous donnent confiance

Représentez-les (de qui s'agit-il), et écrivez ce qu'elles vous répètent encore régulièrement.

- **Dans votre vie personnelle**

- **Dans votre vie professionnelle**

Vos passions parlent de vous

Écoutez vos passions, donnez-leur une vraie place : les passions sont de vrais moteurs dans l'existence. Elles font partie de vos fondations, celles qui consolident votre confiance en vous. Elles sont un espace de partage ou le « je » s'impose et s'exerce naturellement.

Faute de temps, peut-être avez-vous un peu oublié vos passions ? Vous savez, ces moments où vous êtes tellement absorbée par ce que vous faites que plus rien ne compte…

Comment identifier vos passions ?

Ce sont les activités qui peuvent vous tenir éveillée pendant des heures, ou vous motiver pour vous lever dès le petit matin. Celles qui vous font perdre la notion du temps. Celles que vous avez plaisir à partager et sur lesquelles vous avez tant de choses à dire…
Elles étaient peut-être déjà présentes sous une autre forme dans votre enfance : petite, Mira fabriquait des appareils de photo avec de grosses boîtes d'allumettes. Elle installait à l'intérieur un rouleau de papier en guise de pellicule. Après chaque « prise », elle dessinait le sujet de sa photo sur un morceau de la pellicule. Aujourd'hui, elle fabrique des livres de photos très inventifs.

Nos passions personnelles ont-elles un lien avec notre vie professionnelle ?

Cultiver une passion, quelle qu'elle soit, est source d'énergie et d'optimisme. Elle nourrit nos besoins de sens. Les impacts les plus visibles sur notre vie professionnelle : elle nourrit notre imaginaire, donc notre créativité. Elle peut devenir source de métaphores pour nos argumentations. Enfin, nous y cultivons des talents… que nous pouvons utiliser dans notre travail.

↗ Rappelez-vous…

Commencez par lister ce que vous aimez vraiment faire, ou aimiez faire lorsque vous étiez plus jeune :

• ______________________
• ______________________
• ______________________
• ______________________
• ______________________
• ______________________
• ______________________
• ______________________
• ______________________

Dessinez vos passions, avec des images ou des mots… Feuilletez votre Cahier Tendances, Certaines de vos passions y figurent déjà…

Vos passions en images

Sélectionnez vos trois passions clés

↗ Le top 3 de mes passions

Regardez votre liste et vos images de la double page précédente, établissez ensuite votre sélection, votre top 3 :

- ______________________
- ______________________
- ______________________

La neige, la glace, c'est comme une page blanche : je peux y rêver d'autres histoires. Aussi bien le long cheminement de tribus néanderthaliennes, que la découverte d'une autre planète. Et j'ai besoin de cette conquête physique : la montée, la nécessité d'être très attentive aux crevasses, l'interdépendance d'une toute petite équipe. Aller jusqu'au bout d'un projet, « payer » parfois par des passages difficiles, oser demander de l'aide, les glaciers m'ont appris tout ça, entre autres.

Charlotte F.

Son nom ______________________

Illustrez chacune de vos passions du top 3.

Racontez de quelle façon, elles vous inspirent, vous touchent, vous motivent…

____

____

____

____

____

____

Quelles sont les qualités et les talents que vous développez en pratiquant ces passions ?

- ______________________
- ______________________
- ______________________

Son nom ……………………………………

Son nom ……………………………………

Vos passions dans votre vie, aujourd'hui

Accordez plus de place à vos passions, et vous en retirerez des bénéfices personnels mais aussi professionnels : du stress en moins, de l'énergie constructive en plus et, souvent, des expériences de la vie en groupe…

Vous commencez, à ce stade, à construire votre Boussole Orientée Motivation. Celle qui vous indiquera votre Nord personnel et vous aidera dans le choix de vos destinations. Vous allez être invité à répondre à quatre questions : une aujourd'hui, trois autres dans les étapes suivantes. Il s'agit chaque fois d'une évaluation, qui va de « pas du tout » à « complètement ».

Aujourd'hui, quelle place donnez-vous à votre, ou vos passions ?
… pas du tout
…un peu
…beaucoup
…complètement

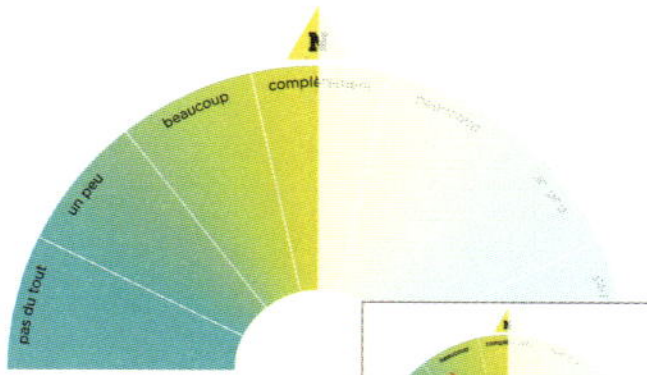

Cela pourrait ressembler à ça :

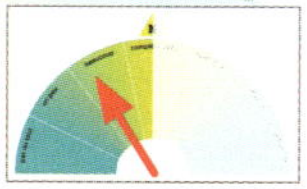

Mode d'emploi

Munissez-vous d'une aiguille de Boussole rouge (crayon, flèche post it ou découpée).
Posez le bas de l'aiguille au centre, à l'aplomb du Nord, puis positionnez le haut de l'aiguille dans la zone qui correspond à votre évaluation : pas du tout, un peu, beaucoup ou complètement ?

Action !

Regardez votre Boussole. L'idéal serait que vous soyiez dans la zone beaucoup ou complètement. Si vous êtes en deçà…
1. À quelle passion souhaitez-vous ou pourriez-vous donner plus de place aujourd'hui ?

____

2. Quel premier pas pourriez-vous faire dans cette direction ? Une petite action très concrète à entreprendre dans les dix jours qui viennent…

____

____

• Quoi ?

____

• Comment ? Où ? Avec qui ?

____

____

• Et surtout, quand ? Notez cette date dans votre agenda.

____

Les 7 P, très utile pour se donner les moyens de passer à l'action. Voir p. 176

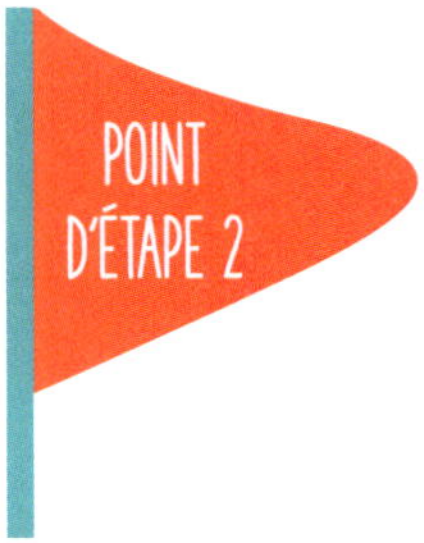

Apprendre à dire « je » pour mieux écouter

Les points clés

- Je m'écoute pour connaître (et reconnaître) mes désirs, mes besoins et la façon dont je me limite.
- Je ne peux écouter chez les autres que ce que j'accepte d'entendre chez moi.
- Croyances, idées reçues : je fais le tri pour m'alléger.
- Nous ne faisons pas confiance à des inconnus pour développer notre confiance en nous, ne soyons donc pas des inconnus pour nous-mêmes.
- Je prends soin de moi en utilisant la trousse Anti-Stress.

Les exercices et expériences

- Où en êtes-vous avec les Pages du matin ? Avez-vous réussi à les mettre en place ? Au moins deux fois par semaine pour commencer ?
- Combien de « petits moi » avez-vous déjà repéré ? Arrivez-vous à les mettre à distance ? À dialoguer avec eux ?
- Avez-vous repéré des stéréotypes bien installés dans votre entourage ?
- Donnez-vous plus de place à votre passion ? A-t-elle trouvé son créneau dans votre agenda ?
- Est-ce que quelque chose a bougé dans votre relation aux autres ?

Baromètre Attitude Leader

C'est le moment d'aller regarder votre Baromètre. Examinez chaque barre, constatez ce qui a pu évoluer au cours de cette étape. Et bien sûr, faites bouger les curseurs, sans oublier de dater les nouvelles positions.

En route pour la troisième étape !

Votre Trousse Anti-Stress

Voici quelques trucs et astuces qui vous permettront de faire baisser un peu la pression dans une situation occasionnelle de stress. Ils ne sont pas l'antidote à une souffrance chronique. Mais ils vous aideront à reprendre contact avec vous-même.

Il y a le bon stress – les idées fusent, l'énergie est au rendez-vous – et le mauvais : respiration courte et neurones bloqués, l'explosion, ou l'implosion, selon les tempéraments, n'est pas loin.
Ces petits exercices n'ont pas la prétention de faire disparaître les causes du stress, mais d'en atténuer les conséquences. Vous aider à regagner une zone de calme intérieur d'où vous pourrez mieux gérer la situation.
Les solutions ne sont pas magiques, elles sont physiologiques : il s'agit de remettre en route le diaphragme qui s'est bloqué, de vous recentrer sur vos sensations physiques, d'offrir de la distraction à vos neurones entrés en mode crispation.
Essayez, testez, et choisissez celui ou ceux qui vous conviennent le mieux.

La page « en vrac »

C'est la formule « dépannage express » des Pages du matin p. 44.
Une réunion difficile en vue ? Un incident imprévu ? Prenez une feuille blanche, et ne vous retenez pas : écrivez, à toute allure, sans réfléchir, tout ce qui vient comme émotions, récriminations, craintes, invectives, plaintes. Lâchez-vous, c'est votre exutoire. Vous détruirez la feuille après.
Maintenant que la pression s'est un peu relâchée, vous allez pouvoir aborder la situation plus calmement, de façon plus constructive, et sans vous mettre en danger.

Cet exercice vous a été proposé p. 102

Respirez…

Sous l'effet du stress, le diaphragme se bloque, la respiration s'accélère et se déplace vers le haut de la poitrine. Et vous perdez le contact avec votre centre de gravité.

- **Vous n'êtes pas seule ?** Dès que vous prenez conscience que vous ne respirez plus, ou presque, prenez une seconde pour diriger votre attention sur votre ventre, et respirez à partir de là.
- **Vous êtes seule, avec très peu de temps ?** Faites comme les chanteurs d'opéra : assise sur une chaise, soufflez en vous pliant en deux, le ventre collé sur vos cuisses et le nombril le plus possible rentré. À la fin de l'expiration, redressez-vous doucement en déroulant votre dos. À faire trois fois.

Cet exercice vous a été proposé p. 41

Silence !

Entouré de bruit, au travail comme chez soi, dans les magasins ou les transports en commun, notre cerveau finit par saturer. Pour bien fonctionner, il a besoin de vacances.

Offrez-lui de temps à autre une plage de silence. Selon votre emploi du temps, cela peut prendre plusieurs formes :

- 30 minutes dans un jardin public ;
- une soirée sans médias (sans télé, ni livres, ni magazines) ;
- 10 minutes portes fermées dans votre bureau.

Quelle que soit la formule, contentez-vous d'être là, sans musique, juste à regarder, ressentir, profiter du moment présent.

Méditation flash

C'est une technique issue de la méditation de pleine conscience, elle-même issue de la méditation zen, pratique japonaise millénaire[26].

Vous vous asseyez dans une position confortable : ni raide, ni avachie. Et maintenant :

- **scannez vote corps, des pieds à la tête** ; constatez ce que vous sentez et ce que vous ne sentez pas pendant 1 minute ;
- **portez votre attention sur votre respiration** ; l'air qui passe dans vos narines, ou le ventre qui se gonfle et se dégonfle pendant 1 minute ;
- tout en restant conscient de votre respiration, **élargissez votre attention à tout votre corps** pendant 1 minute.

Votre Trousse Anti-Stress

Dessinez un monstre

Ce qu'il y a de bien avec les monstres, c'est qu'il n'y a pas de modèle. Donc, pas besoin de savoir dessiner !

Juste avec le matériel que vous avez sous la main, dessinez en cinq minutes le monstre le plus… monstrueux possible. Choisissez si vous allez dessiner :

- le monstre qui fait le plus peur ;
- le monstre qui est le plus en colère ;
- le monstre le plus dévoreur ;
- le monstre le plus dangereux, etc.

Lâchez-vous, faites-vous peur, comme les enfants quand ils jouent à se faire peur.

Des récrés de 10 minutes

La liste est longue de toutes les choses que vous pouvez faire en dix minutes et qui vous aideront à calmer le jeu intérieur. Voici quelques idées pour commencer, avant d'inventer vos propres temps libres.

- écouter votre play-list ;
- faire le tour du pâté de maison ;
- feuilleter un guide de voyages ;
- lire de la poésie ;
- trouver une pièce avec vue, et vous en régaler ;
- faire la liste de vos envies, 20 souhaits minimum ;
- boire un vrai bon thé, en le savourant gorgée après gorgée.

Maintenant, à vous de jouer !

Dix minutes de mandala

Vous avez sous la main trois couleurs différentes ? Cela suffit pour, sans plus attendre, commencer à colorier ce mandala. Pas à pas, de 10 minutes en 10 minutes. C'est une forme de méditation active. La tradition dit que cela favorise l'ouverture, si vous partez du centre vers l'extérieur, et la concentration, si vous partez de l'extérieur vers le centre.

Ce mandala est extrait du livre *Dessine-moi un mandala*, www.dessinemoiunmandala.org

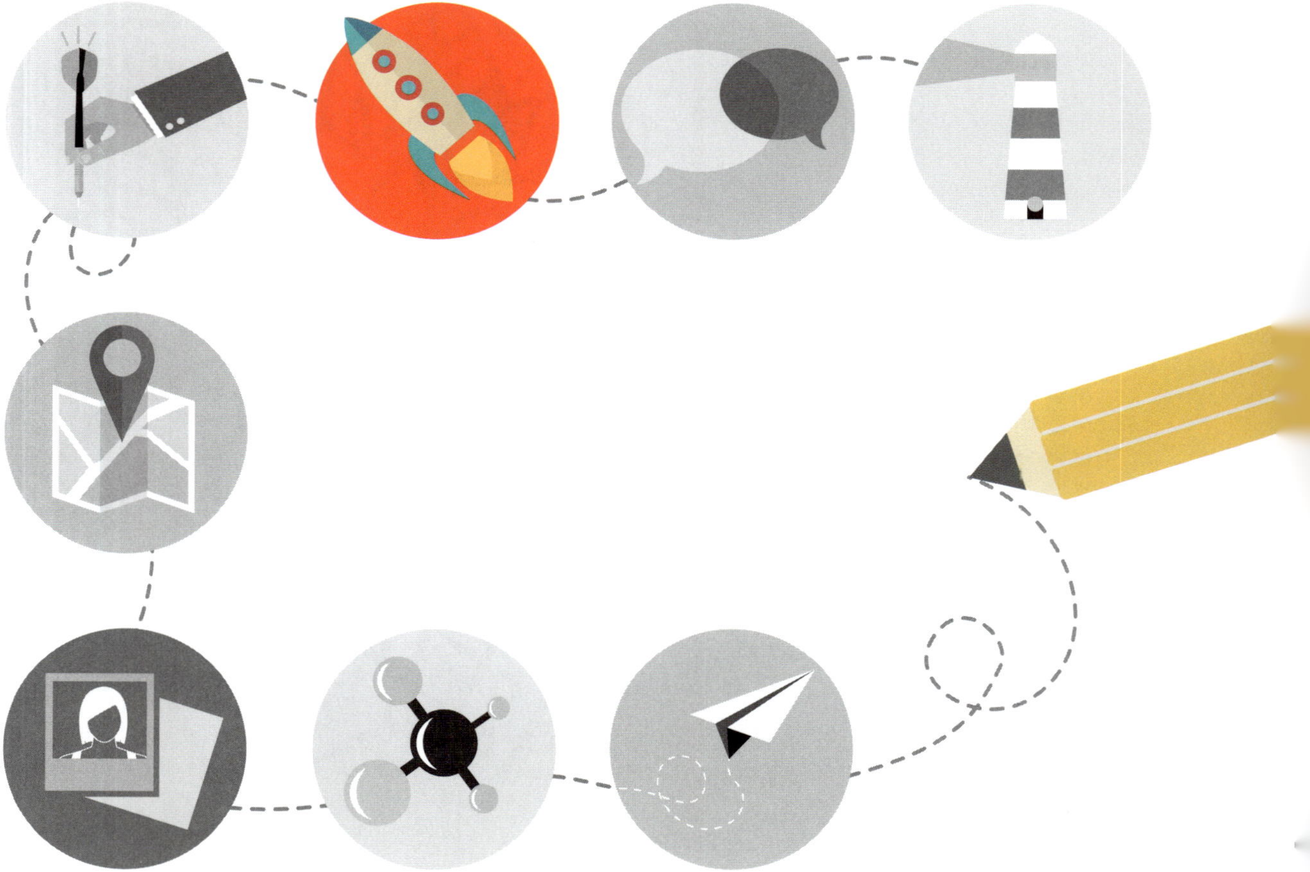

ÉTAPE 3

(Re)découvrir et booster vos talents

Don, aptitude, disposition naturelle… ce que nous appelons ici les talents sont un facteur important de confiance en soi. Ils se manifestent sous forme de préférences : ce que nous faisons avec plaisir et facilité. Pouvoir les nommer et s'appuyer sur eux favorise la prise d'initiatives en toute sécurité.

Vos talents sont aussi ce qui vous distingue des autres, ils donnent la couleur unique de votre leadership. C'est, entre autres, pour vos talents que vous serez reconnue et qu'on viendra vous chercher.

Au cours de cette étape, nous vous proposons de repérer, à l'aide de plusieurs activités d'exploration, vos cinq principaux talents. Une fois identifiés, ils vous permettront d'établir la Carte de vos Talents, et peut-être d'en découvrir de nouveaux. Vous serez également invitée à cultiver ces talents dans le cadre de votre travail. (Re)découvrir et booster vos talents vous sera fort utile à l'étape 5 pour mettre au point votre Carte Itinéraires.

« Des talents, moi ? Quels talents ? »

C'est à un exercice pas facile auquel nous allons vous demander de vous livrer : lister vos points forts, nommer vos talents... Pas facile parce que nous sommes dans une culture où il est plus aisé de parler de ses défauts, de ses manques que d'énoncer tranquillement ses atouts. Or tout le monde a des talents.

Qu'est-ce qu'un talent ?

Dans le cadre de cet ouvrage, nous aimons bien la définition qu'en donnent Marcus Buckingham et Donald Clifton dans leur ouvrage *Découvrez vos points forts* : *« Le talent est un mode stable de pensée, de sentiment ou de comportement susceptible d'engendre des résultats positifs. »*

Rebondissons sur quelques mots de cette définition.
Stable : cela veut dire que vous avez ce talent et le pratiquez... depuis toujours, ou presque. En tous les cas, il s'est installé durablement dans votre vie dès votre petite enfance. Après, vous avez eu, ou pas, l'opportunité de le muscler, de le nourrir d'apprentissages, de varier ses champs d'application...
Sentiment : lorsque vous exercez votre talent, vous vous sentez bien, en confiance, vous aimez l'exercer. Pas d'effort particulier, pas de stress, vous êtes au bon endroit. Comme un instrument bien accordé. Peut-être parfois un sentiment d'expansion intérieure ?
Comportement : un talent ne se manifeste pas toujours comme une capacité à agir, par exemple « optimiser des situations », ou « entretenir des relations de confiance », mais aussi par une capacité à être stratège ou visionnaire par exemple.

Talent ou compétence ?

Petite expérience métaphorique : croisez les bras. Facile ? Où est le problème, vous dites-vous ? Et maintenant croisez-les dans l'autre sens... Ah, là, sauf pour les ambidextres, cela devient plus compliqué. Dans le premier cas, c'est comme un talent : confortable, spontané, et cela coûte zéro énergie d'effort. Dans le second, c'est comme une compétence : il faut du temps pour l'acquérir, cela demande effort et énergie. Vient le jour où l'on peut passer très rapidement d'un croisement de bras à l'autre...

Comment reconnaître un talent ?

Il a toujours été là même si vous ne l'avez pas beaucoup développé ou entretenu. Il se manifeste autant dans la vie privée que dans la vie professionnelle. Et il n'est pas toujours facile à reconnaître, modestie ou éducation obligent. Pour les identifier, utilisez leurs cinq caractéristiques telles que décrites par Xavier Cornette de Saint Cyr[30].

Les 5 caractéristiques d'un talent

- **Faisabilité** : c'est quelque chose que j'ai toujours su faire. Ce n'est pas de l'acquis, mais de l'inné. Même développé ou découvert tardivement, ce talent est en moi.
- **Facilité** : quelque chose que je fais avec facilité. Quand je le fais, je le fais bien à chaque fois, aisément, facilement.
- **Reproduction** : c'est quelque chose que je sais reproduire. Ce n'est pas une réussite isolée. Je peux en donner plusieurs exemples.
- **Plaisir** : c'est quelque chose qui me donne du plaisir qui est lié à la facilité. L'effort que je peux avoir à faire ne consomme pas toute mon énergie. Quand je le fais, je n'ai pas de doutes, au contraire, j'éprouve de la satisfaction.
- **Reconnaissance** : c'est quelque chose qui est reconnu par les autres. [...] « Ils disent de moi que... » : le talent est quelque chose de vu, de ressenti, d'entendu par les autres avec évidence.

in X. Cornette de Saint-Cyr, *Petit cahier d'exercices pour découvrir ses talents cachés*, Jouvence.

Un talent ne s'épuise pas. Au contraire, plus vous l'utilisez, plus il se renforce.

Un talent vous met dans un certain état d'euphorie. De gourmandise même. Cela passe par votre corps.

Vous pouvez être ainsi connue pour votre énergie, votre ténacité, votre amour de la compétition... Et vous l'entendez dire, sous une forme ou une autre, depuis votre enfance.

Reconnaître ses talents

Lorsque nous intervenons auprès de nos clients, il arrive toujours un moment où nous leur demandons d'écrire sur une feuille les trois talents ou qualités qu'ils se reconnaissent. Jusque-là, tout va bien.

Puis nous les invitons à se mettre en groupes de quatre. À chacun leur tour, ils doivent se lever et lire leur liste à voix haute et claire. Pour beaucoup, c'est un moment plein d'émotions contradictoires. Se réveille le « petit moi » qui souffle « Pour qui tu te prends ? », tandis que se répand la chaleur d'être accueilli pour ce qu'ils sont.

Maintenant, c'est à vous d'oser reconnaître vos talents. Ce sera un peu plus facile puisque vous ne les déclamerez qu'à vous-même. Nous allons vous y aider, dans les pages suivantes.

Pour reconnaître vos talents, un tableau, une liste et des activités

Repérez ce que vous aimez faire

Avant de parler talents, parlons plaisirs. Au pluriel... Les plaisirs cachés, ou pas, au cœur de vos réussites. Personnelles ou professionnelles.

Évoquez une de vos réussites	Vos atouts pour réussir	Pendant l'action, qu'est-ce qui était facile ? Qu'est-ce qui vous donnait du plaisir ?

À la recherche du top 5 de vos talents

Vos talents sont multiples. Nous vous proposons de réaliser une grande enquête pour vous aider à déterminer parmi tous vos talents les cinq talents sur lesquels vous pourrez vous appuyer pour développer votre vie professionnelle et votre leadership.

Les dessous de l'enquête

Pour cerner vos cinq talents majeurs, nous vous proposons quatre axes d'exploration :

1. étudier une liste « officielle » de talents, p. 71
2. chercher les talents cachés dans votre enfance, p. 74
3. observer comment vos talents se manifestent dans votre quotidien, p. 76
4. découvrir les talents que vos proches vous reconnaissent, p. 78

Chaque point de cette enquête vous invitera à retenir trois talents. Quelquefois ce seront les mêmes d'un axe à l'autre. Au final, vous pourrez en sélectionner cinq avec comme objectif : réaliser la Carte de vos Talents.

Axe 1 – Une liste de talents : vous avez le choix

Des talents, il en existe beaucoup. Après avoir interrogé des milliers de managers à travers le monde, l'institut Gallup[28] a retenu trente-quatre talents particulièrement utiles pour progresser et s'épanouir dans l'entreprise et, par extension, dans son travail.

Ce sont ces talents que nous vous présentons dans les pages suivantes comme un miroir. À vous de voir dans lesquels vous vous reconnaissez.

Au début, vous serez peut-être intimidée par tant de richesses… Osez, faites-vous confiance, de toute façon vous ne pouvez pas y échapper : vous avez des talents. Comme tout le monde.

Il y a peut-être des talents qu'aujourd'hui vous prenez pour des défauts. Donc, prenez votre temps. Rassurez-vous, les prochaines activités vous aideront à en conforter certains et à en repérer d'autres.

Lorsque j'ai découvert que j'avais « communication » pour talent, j'ai été surprise : j'assimilais ce mot à « bavardage pour ne rien dire », « message de pub qui enjolive ». Puis, en lisant la définition – « amour des mots justes » –, je me suis reconnue.

Isabelle F.

↗ Liste des talents mode d'emploi

Lisez attentivement tous les talents et leur définition, que vous trouverez pages suivantes. Surlignez ceux qui vous correspondent.

Pour vous aider :

- Relisez page précédente ce que vous avez écrit sur vos réussites. Beaucoup de talents s'y cachent déjà.
- Imprégnez-vous des cinq caractéristiques d'un talent que vous avez découvertes p. 69.

C'est un vrai talent de...

- **Faire, réaliser.** Vous avez beaucoup d'énergie et vous êtes très productive.
- **Pousser à l'action.** Avec vous, « on y va » : vous êtes impatiente de passer à l'action.
- **S'adapter à l'imprévu.** Vous vivez dans le présent, et l'imprévu ne vous fait pas peur.
- **Analyser les faits rationnellement.** Logique, vous voulez des causes et des preuves.
- **Organiser, orchestrer.** Multitâche, vous êtes douée pour combiner différents éléments.
- **Agir selon ses valeurs.** Intégrité, congruence... des valeurs fortes donnent un but à votre vie.
- **Commander, diriger.** Prendre des décisions, donner des directives, c'est facile pour vous.
- **Communiquer avec les mots justes.** Vous exprimez vos pensées avec clarté et de façon captivante.

> *J'ai un grand nombre de relations dans mon travail et dans la vie en général. Mes collègues deviennent facilement des amis, avec qui je construis une relation en profondeur. J'aime partager avec eux des activités en dehors de l'entreprise. Mon talent, c'est « entretenir des relations de confiance ».*
>
> David R.

- **Être en compétition.** Vous êtes prête à vous mesurer aux autres... pour gagner.
- **Éclairer le présent par le passé.** Pour comprendre une situation, vous remontez aux racines.
- **Avancer avec prudence.** Vous anticipez les obstacles.
- **Mettre de l'ordre et de la discipline.** À vous les processus et les projets structurés.
- **Tenir un cap.** Vous restez centrée sur l'objectif.
- **Faire progresser les autres.** Vous cultivez le potentiel de ceux qui vous entourent.
- **Chercher le consensus.** Les conflits, très peu pour vous. Harmonie d'abord.
- **Générer des idées.** Vous êtes la reine du brainstorming et des associations d'idées. « Et si... » est votre mantra.
- **Fédérer.** Avec vous, les nouveaux se sentent accueillis, inclus.
- **Révéler les talents des autres.** Vous voyez ce que l'autre a d'unique.
- **Engranger des infos, les stocker.** Curieuse, vous voulez en savoir toujours plus.
- **Réfléchir et approfondir.** Les activités intellectuelles vous ressourcent.
- **Apprendre pour le plaisir.** Vous visez plus l'amélioration permanente que l'expertise.
- **Optimiser les situations.** Ce sont les points forts qui vous intéressent... pour les améliorer.

- **Résoudre des problèmes.** D'abord le diagnostic, puis la solution.
- **Entretenir des relations de confiance.** Vous aimez travailler avec des amis.
- **Prendre des responsabilités.** Vous vous engagez fermement sur ce que vous dites vouloir faire.
- **Se distinguer.** Vous voulez être indépendante ET reconnue. Au besoin, avec originalité.
- **Se sentir connecté à plus large que soi.** Pour vous, il existe des liens entre toutes choses. Visibles ou invisibles.
- **Être dans l'empathie.** Vous savez vous mettre à la place de l'autre, et même ressentir ce qu'il ressent.
- **Être visionnaire, futuriste.** Le futur vous attire et vous avez un tempérament de pionnier.

↗ Déjà trois talents repérés

Parmi les talents que vous avez sélectionnés, quels sont les trois les plus importants, ceux qui vous satisfont le plus :

- ______________________
- ______________________
- ______________________

Rassurez-vous, vous aurez droit à d'autres talents dans les pages suivantes.

- **Être optimiste.** Vous êtes sûre d'avoir toujours la possibilité de rebondir : « je m'en sortirai quoi qu'il arrive ».
- **Être stratège.** Vous voyez toujours plusieurs façons d'atteindre un objectif, vous choisissez le plus efficace.
- **Avoir le sens de la justice.** L'égalité et l'équité sont les deux piliers des règles que vous mettez en place.
- **Posséder un enthousiasme contagieux.** L'énergie et la joie de vivre vous animent ; il fait bon vous côtoyer.
- **Avoir du charisme.** Votre pouvoir de conviction est fort, y compris auprès de personnes que vous ne connaissez pas.

Comment sélectionner sans me tromper ?

Faites confiance à votre intuition. Elle se manifeste physiquement : qu'est-ce qui vous fait envie ? qui vous rend gourmande, joyeuse ? qui vous donne de l'énergie ? Faites cette sélection en plusieurs temps. Rassurez-vous, à la fin de cette exploration, vous trouverez un outil pour valider vos choix.

Si vous souhaitez modifier le nom du talent pour qu'il vous aille encore mieux, n'hésitez pas. Gardez-lui seulement le même intitulé au cas où vous le recroisiez dans vos prochaines explorations.

Axe 2 – Les talents cachés dans votre enfance

Puisque vos talents sont présents depuis votre plus tendre enfance, il peut être intéressant d'explorer votre malle à trésors. Qu'est-ce que vous aimiez faire ? Pour quoi étiez-vous douée ?

Retrouvez vos talents

Tout au long du chemin, il est possible que vous ayez perdu de vue certaines de vos aptitudes : par manque de temps, ou d'opportunités pour les exprimer.
Dans chacune des réponses à ces questions se cache un trésor qui vous appartient : prenez le temps de le trouver.

Quand j'étais enfant, il y avait dans mon jardin un grand marronnier. J'ai très vite décrété que c'était ma fusée personnelle. J'y grimpais pour y rêver d'autres mondes, de voyages interstellaires et y lire mes premières histoires de science-fiction. Rencontre du troisième type et E.T. étaient mes films favoris. J'étais déjà futuriste !

Leilah G.

« *Tous les enfants sont des sorciers.*
Jacques Brel[29]

↗ C'est à vous de jouer !

Répondez le plus franchement possible aux questions suivantes :

Lorsque vous étiez enfant…

Quel était votre jeu favori ?

Que disaient de vous vos parents quand ils vantaient vos mérites ?

Que faisiez-vous bien, et avec plaisir ?

Quel était votre héros de livre, de BD ou de dessin animé préféré ?

À la récré, à quoi passiez-vous votre temps ?

Aviez-vous une activité extrascolaire qui vous plaisait beaucoup ?

Et dans cette activité, quoi plus spécifiquement ?

Vous disiez que plus tard vous seriez…

Qu'est-ce qui vous plaisait dans ce métier ?

Lorsque vous étiez adolescent…

Quel était votre passe-temps favori ?

Quel est le métier qui vous faisait rêver ?

Pour quel aspect de ce métier exactement ?

Quel héros ou héroïne vous faisait rêver ?

En quoi auriez-vous aimé être comme lui, ou elle ?

Qu'est-ce que vos amis appréciaient en vous ?

Quelle était votre passion ? votre hobby ?

Quelles qualités vous reconnaissaient vos professeurs ?

> *Mon adolescence d'abord, puis ma jeunesse ont pris à marcher des plaisirs que je n'ai qu'à chercher, dans ma mémoire, l'image fraîche encore, pour me sentir de nouveau jeune et prêt à partir.*
>
> **Henri Bosco**[30]

Encore trois talents…

Relisez vos réponses : elles révèlent certains de vos talents. Encore très actifs aujourd'hui, ou un peu négligés. Listez vos découvertes : vous avez droit à plusieurs talents.

-
-
-

Revenez à la grande liste des talents page 72. À quel talent correspond chacun des talents que vous venez de découvrir ?

-
-
-

Gardez-en trois.

Il est fort probable que vous ne trouviez pas l'équivalent, cette liste regroupant des talents surtout utilisés dans la vie professionnelle. Quoique… avoir du plaisir à inventer des jeux pour ses enfants et leurs copains ou organiser des sorties pour sa bande d'amis relève du talent « fédérer » ou « posséder un enthousiasme contagieux », ou encore « orchestrer, organiser ». C'est vous qui savez, qui ressentez ce qui est juste pour vous.
Il est possible que l'un ou l'autre de ces talents soit identique à l'un de votre sélection précédente. C'est normal.

Axe 3 – Vos talents se manifestent dans votre vie quotidienne

Nous ne nous comportons pas de la même façon avec nos enfants, nos collègues ou nos parents. Ce sont différentes facettes de nous qui s'expriment, différents « petits moi » aussi qui prennent la parole.
Certains de vos talents s'épanouissent plus facilement dans certaines circonstances.

> *« Il y a du bonheur dans toute espèce de talent.*
> **Honoré de Balzac**[31]

↗ À vous de jouer

C'est une exploration à faire en deux temps :

- Dans les bulles, écrivez ce que vous aimez particulièrement faire avec chacun de ces groupes de personnes. Par exemple raconter des histoires aux enfants.
- Autour de chaque forme, notez les talents que cela révèle. Dans l'exemple précédent, ce que vous savez particulièrement bien faire, c'est inventer l'histoire ? Mimer ou jouer une histoire que vous lisez ? Choisir l'histoire avec l'enfant pour qu'il la raconte avec vous ?

Ce sont chaque fois des talents différents qui sont à l'œuvre : « aimer générer des idées » ou « communiquer », ou encore « faire progresser les autres ».

↗ Les trois talents que vous retenez

Parmi les talents que vous venez de repérer, choisissez-en trois. Comme pour l'exercice précédent, trouvez une formulation proche de celle de la liste proposée p. 72. Là encore, les talents peuvent être totalement différents des premiers déjà repérés, ou, pour l'un ou l'autre, identiques.

- ____________________
- ____________________
- ____________________

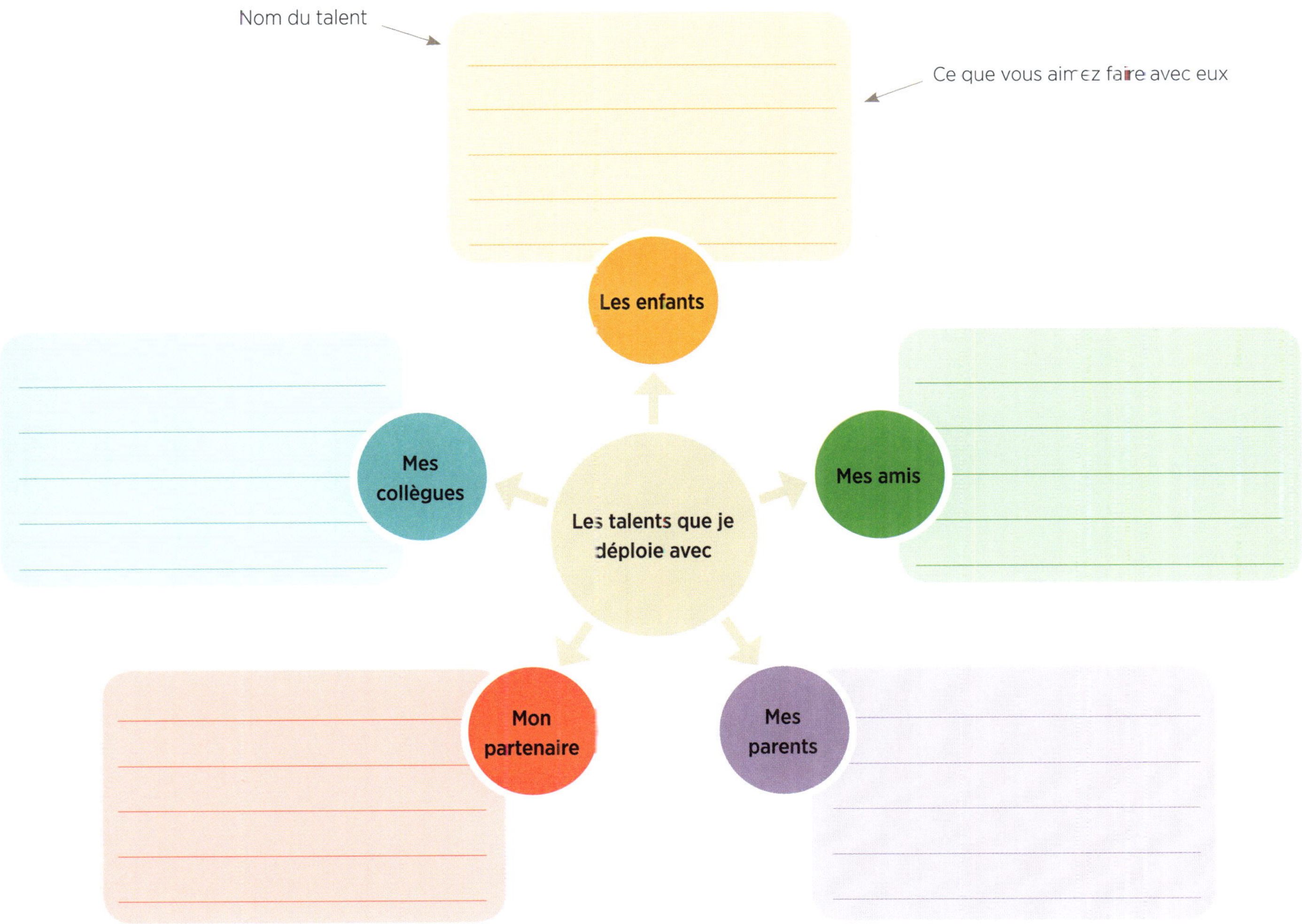
Nom du talent
Ce que vous aimez faire avec eux
Les enfants
Mes collègues
Mes amis
Les talents que je déploie avec
Mon partenaire
Mes parents

Axe 4 – Les talents qu'ils vous reconnaissent

Ceux qui vous entourent et qui vous aiment, ou vous apprécient, savent pourquoi. Il y a certains de vos talents qui vous rendent uniques à leurs yeux. Demandez-leur… ou essayez de deviner.

L'avis de vos proches

Pour finir cette (re)découverte de vos talents, faites une petite enquête auprès de vos proches.

S'il vous est possible de leur poser la question – à vos parents ou à votre meilleur(e) ami(e) –, laissez-les répondre spontanément. Dans un second temps, vous pouvez leur proposer de faire un choix dans la liste des talents.

Si vous ne pouvez pas leur poser la question en direct, imaginez pourquoi ils sont contents de travailler, ou de partager des moments de vie avec vous…

> *C'est mon ami qui m'a fait remarquer qu'à force de stocker des tas de choses qui pourraient servir un jour… l'espace se faisait rare dans notre bibliothèque. Pour moi c'était simple : plutôt ajouter des étagères que de me priver de toutes ces ressources dont j'aurais sûrement besoin bientôt. Et dans lesquelles, d'ailleurs, je me plonge régulièrement. Je viens de découvrir que « engranger des infos et les stocker », c'est un talent.*
>
> *Maud T.*

↗ Retenez trois talents de plus

Notez ici les trois talents que vous retenez, sans ordre de priorité :

- ______________________
- ______________________
- ______________________

Photo, pictogramme, vous n'avez plus d'idées ? Mettez juste une touche de couleur, celle qui, pour vous, leur correspond le mieux.

↗ Ce qu'ils apprécient

Vos parents

- ______________________
- ______________________
- ______________________

Vos amis

- ______________________
- ______________________
- ______________________

Votre collègue

- ______________________
- ______________________
- ______________________

Vos managers ou vos clients

- ______________________
- ______________________
- ______________________

Je fais la Carte de mes Talents

Vous avez exploré, enquêté, et vous voilà à la tête de nombreux talents. Qu'en faire ? Dans un premier temps, nous vous proposons d'en faire une carte illustrée. Elle vous aidera à conscientiser et à intégrer vos talents ; ce sont eux qui vont donner la couleur de votre leadership et montrent en quoi il est unique.

Je détermine mes cinq principaux talents

Pour réaliser votre Carte, vous allez commencer par déterminer vos cinq talents majeurs. Ce sont ces talents qui y figureront. Puis nous vous inviterons à enrichir votre Carte en mariant vos talents, ce qui en fera émerger d'autres. Enfin, pour mieux vous les approprier, nous vous proposerons de les raconter et de les observer à l'œuvre dans votre quotidien.

Je valide et je sélectionne cinq talents

Vous avez listé vos talents, au moins six à huit si vous regardez bien dans les coins, c'est-à-dire si vous avez également noté ceux que vous utilisez peu aujourd'hui, ou sans vous en apercevoir. Sandra, conceptrice de supports de communication interne pour ses clients, se savait créative, mais elle n'avait pas réalisé qu'en mettant en place la logistique de fabrication et le budget de fonctionnement qui allaient avec, elle était aussi logique et organisatrice.

↗ À vous de jouer

- Notez ici tous les talents que vous avez sélectionnés dans les pages précédentes.
- Faites passer chaque talent au crible des cinq caractéristiques d'un talent p. 69. Comptez 1 point pour chaque caractéristique validée. C'est un vrai talent quand il obtient... 5 points !
- Sélectionnez cinq talents parmi les talents validés : bien sûr ceux que vous aimez le plus exercer, mais également ceux que vous utilisez peu mais auxquels vous aimeriez laisser plus de place. Seul point commun entre ces cinq talents : votre très grande satisfaction personnelle lorsque vous les exercez.

Vous avez moins de cinq talents ? Vous êtes trop modeste : refaites un tour dans les activités précédentes et soyez généreuse avec vous-même. Nous possédons tous plus de cinq talents.

Exemple

	Faisabilité	Facilité	Reproduction	Plaisir	Reconnaissance	Total
Réalisateur	1	1	–	1	1	4

Je raconte mes cinq talents

Un talent, c'est un cadeau. Qui peut se développer, s'exprimer de toutes sortes de façons, dans tous les domaines de votre vie. Prenez le temps de vous en étonner, peut-être même de vous en émerveiller. En tous les cas, d'en retirer du plaisir. Y compris dans votre vie professionnelle. C'est une façon de les reconnaître et de leur faire plus de place.
De même que deux artistes produiront des œuvres très différentes à partir des mêmes outils, pinceau et palette de couleurs, de même deux personnes peuvent faire un usage très différent d'un même talent. Pour donner du corps à ces outils naturels que sont vos talents, nous allons vous demander de raconter l'usage que vous en avez fait jusque-là. Comment se sont-ils manifestés ? Quel impact ont-ils eu dans votre vie ? Quelle part occupent-ils dans vos projets de vie ?

↗ À vous de jouer

Décrivez chacun de vos talents. Ce qu'il vous permet de faire, comment il se manifeste.
Un peu comme si vous vouliez apporter des preuves... à vous-même.
Vos phrases pourraient commencer comme ça : « Ah ! C'est pour ça que... j'ai fait/choisi/besoin/..., j'aime... », ou encore « Ah ! Je comprends pourquoi j'ai envie de..., ou j'ai du plaisir à... ».

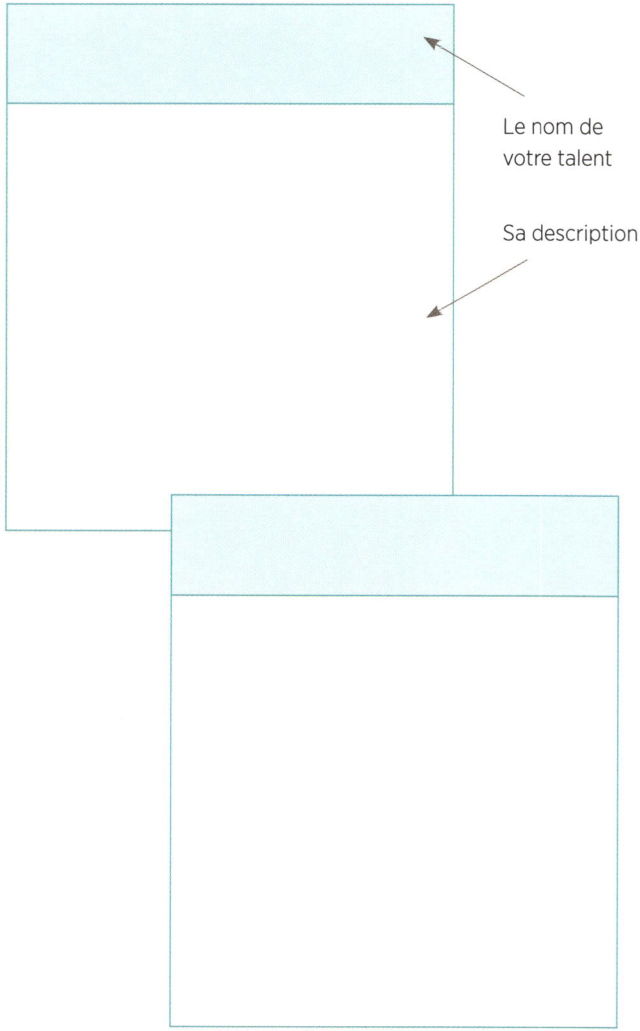

Pourquoi cinq talents ?

Pourquoi réduire à cinq talents ? Oui, vous avez plus de talents, mais cinq talents bien musclés suffisent à augmenter sensiblement votre confiance en vous.
Pourquoi aller jusqu'à cinq ? Plus il y a d'éléments dans le cocktail, plus son unicité sera visible. Car il n'y a pas seulement les talents, il y a aussi la combinaison des talents entre eux, ce que nous allons voir bientôt.

Idéation, c'est mon talent numéro 1. Dès que je dois trouver une idée, il fonctionne par associations. En croisant des univers différents, il me permet d'aller ailleurs chercher une solution. J'ai par exemple trouvé un concept de circulation pour une salle de sport juste en regardant une peinture d'arbre et de nature et en croisant ces deux univers.

Fanny S.

Je joue avec mes talents

Illustrez vos talents

Sur la Carte de vos Talents, notez vos cinq talents. Puis illustrez-les : une image découpée, un dessin, un picto… Juste quelque chose qui le symbolise et vous aide à l'ancrer : il est parfois des talents que nous n'osons pas revendiquer, tellement nous avons appris à ne pas nous vanter. Pourtant, ils sont bien là, ne demandant qu'à être utilisés…

Les emplacements ne sont que des indications, vous pouvez dépasser et utiliser l'espace comme vous le souhaitez. Veillez seulement à écrire le nom du talent, et à permettre de créer des liens entre eux.

Mariez-les !

Les talents se combinent entre eux, révélant ainsi d'autres talents. Par exemple, si vous avez comme talents Stratège et Communication, il y a de fortes chances pour que vous soyez un bon pédagogue : lorsque vous partagez vos idées, vous mettez en place une stratégie qui permettra à vos auditeurs de mieux comprendre votre propos.

Et si ce même talent se marie à celui de Réalisateur, il est très probable que vous portiez beaucoup de soin à la réalisation des supports de communication.

Il est possible qu'à ce stade, vous commenciez à être lassée de travailler sur vos talents. « Bon, passons aux choses sérieuses », vous dites-vous peut-être, ou encore « Quand s'occupe-t-on de leadership ? ».

Cet éventuel agacement, qui se traduit par une légère crispation interne, est probablement la manifestation d'un « petit moi » : celui qui a intégré des phrases type du genre « On ne se vante pas », « Pour qui te prends-tu ? », « T'es pas mieux que les autres… », etc. (hypothèse à vérifier dans vos Pages du matin ?).

C'est vrai, vous n'êtes pas mieux que les autres, vous êtes aussi bien. Et vous êtes unique. C'est là tout l'objet de ce travail à cette étape : sur quels talents allez-vous vous appuyer pour développer votre leadership, pour continuer à construire la vie professionnelle qui vous va ?

↗ À vous de jouer

En prenant votre temps, reliez vos talents et écrivez sur le lien ce que leur combinaison permet ou révèle comme potentiel.

> *« Notre plus grande peur est d'avoir une puissance au-delà de toute limite. C'est notre lumière et non notre obscurité qui nous effraye le plus. Nous nous demandons « Qui suis-je pour oser me considérer comme quelqu'un de brillant, grandiose, plein de talent et fabuleux ? » Mais en fait, qui êtes-vous pour ne pas l'être ?… Jouer petit ne sert pas le monde. Ce n'est pas en se faisant tout petit pour que les autres ne se sentent pas mal à l'aise autour de nous que l'on contacte sa propre lumière.*
>
> **Nelson Mandela**[32]

La Carte de mes Talents

Téléchargez la Carte de vos Talents sur www.moileader.fr

Vos talents dans votre travail

Vos talents s'expriment en toute circonstance. Mais dans quelle mesure utilisez-vous vos talents dans votre activité professionnelle ? C'est le moment de faire le point.

Observez vos talents

Muscler ses talents, c'est d'abord les reconnaître à l'œuvre. Ils nous sont tellement naturels que, souvent, nous les utilisons sans même nous en rendre compte. Or ils sont des atouts dans votre jeu ; plus vous utiliserez vos talents de façon consciente, plus vous les affinerez, plus vous les nourrirez. Ce n'est pas le moment de jouer les modestes ! Rassurez-vous, tout le monde a des talents. Mais votre cocktail est unique.

Transformez cette phase d'observation en jeu : à la recherche de l'expression de mes talents cachés. Ou pas…

Nom du talent

Description

↗ À vous de jouer

- Pendant quelque temps, observez la façon dont vos cinq talents se manifestent dans votre vie professionnelle. Notez vos découvertes.
- Vous remarquerez peut-être des situations où vous auriez pu vous en servir, mais vous n'y avez pas pensé, ou n'avez pas osé… Notez-les aussi.

Nom du talent

Description

Évaluez l'impact de vos talents sur votre travail aujourd'hui

Vos cinq talents, en profitez-vous **réellement** dans votre vie professionnelle ? Sont-ils **vraiment** au service de vos avancées, de votre leadership ? En vous servant de vos observations précédentes, utilisez **cet écran radar** pour faire le point.

↗ Quand je vois mon écran radar…

↗ Faites le point

- Inscrivez chacun de vos talents aux cinq pointes de l'écran radar ci-dessous.
- Puis évaluez de 1 à 10, dans quelle mesure vous utilisez chacun de ces talents régulièrement dans votre travail : 1 = pratiquement pas, 10 = complètement.
- Reliez ensuite les points entre eux. Que voyez-vous ? Que pouvez-vous en conclure ? Quelles sont vos premières réflexions ?

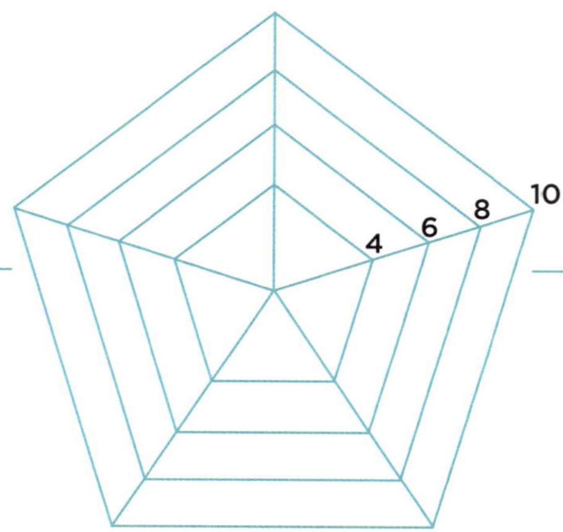

Ma Boussole (encore en construction)

Voici le moment de mettre en place le deuxième élément de votre Boussole. Là encore, c'est une évaluation personnelle que vous n'êtes pas obligée de partager. D'autant que cette évaluation va bouger dans le temps, c'est l'objectif de ce Parcours. Aidez-vous de votre radar pour faire cette évaluation qui concerne l'ensemble de vos talents.

↗ Mode d'emploi

Munissez-vous d'une aiguille de Boussole bleu (crayon, flèche post it ou découpée).
Posez le bas de l'aiguille au centre, à l'aplomb du Nord, puis positionnez le haut de l'aiguille dans la zone qui correspond à votre évaluation : pas du tout, un peu, beaucoup ou complètement ?

D'une façon générale, dans votre travail, vous utilisez l'ensemble de vos talents…
… pas du tout
…un peu
…beaucoup
…complètement

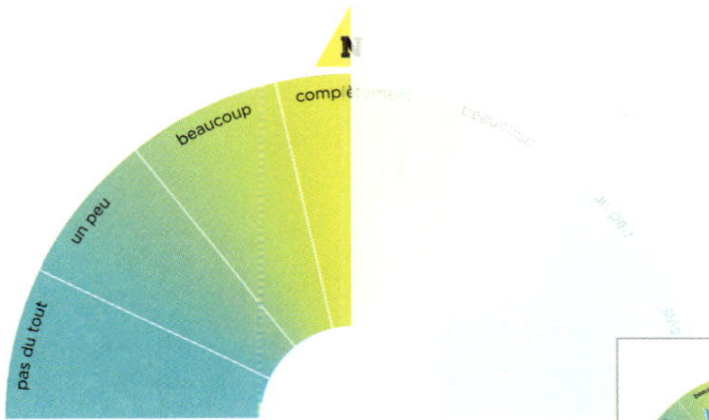

Cela pourrait ressembler à ça :

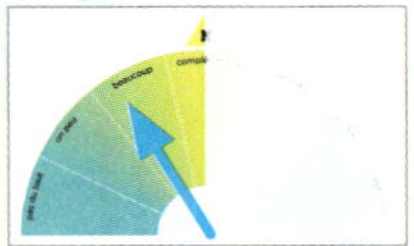

Vous vous situez entre « beaucoup » et « complètement » ? Vous pouvez aller directement à la page 91.
Vous naviguez dans les zones « pas du tout » ou « un peu » ? Page suivante, nous allons vous aider à cultiver vos talents pour vous rapprocher progressivement de votre Nord personnel.

Les 7 P, très utile pour se donner les moyens de passer à l'action. Voir p. 176

Cultivez vos talents

Avoir des talents, c'est bien, les utiliser c'est encore mieux. Facteurs de plaisir, ils nourrissent votre optimisme et votre créativité, et rendent votre enthousiasme contagieux. Le propre d'un leader, non ?

Comment cultiver ses talents ?

Comment faire de ses talents des points forts, sur lesquels s'appuyer pour évoluer ? La réponse tient en deux verbes : les nourrir, et oser.

Les nourrir. Prenons une métaphore musicale : il ne suffit pas d'être douée pour le piano et d'aimer ça, d'avoir éventuellement l'oreille absolue… pour savoir ne serait-ce que bien jouer du piano. C'est un talent qui se travaille, ou pas. Dans la vie professionnelle, nourrir un talent consiste à l'exercer et à l'enrichir : faire une formation complémentaire, lire des livres ou des articles, faire partie d'un réseau spécialisé, s'entraîner à… Autant d'entraînements qui peuvent se faire aussi bien dans le cadre professionnel, que personnel. Si vous désirez nourrir vos talents combinés de communication et charisme, vous ferez peut-être un stage d'improvisation.

Oser. Si, jusqu'ici, vous cultiviez la modestie à outrance, si le milieu dans lequel vous évoluez carbure au consensus mou, c'est là que va résider la plus grande difficulté : sortir du bois, et donc vous faire remarquer. Ce qui est incontournable pour un leader. Mais pas question de le faire de façon inconsidérée. Là encore, c'est la stratégie des 7P (Boîte à Outils, p. 176) qu'il vous faut mettre en place. Avec pour objectif : se challenger, mais ne pas se faire peur, ni faire peur à personne.

Action !

- Regardez votre radar Talents page 88. Y a-t-il l'un de vos talents qui ne s'exprime pas beaucoup ?

____

- Quel talent choisissez-vous de muscler ?

____

- De quelles façons pourriez-vous le nourrir ? l'entraîner ? lui laisser de la place pour s'exprimer ? Listez plusieurs pistes.

____

____

____

- Choisissez une action dans votre liste…

____

- Quel est le premier pas que vous pouvez faire dans cette direction ? Notez-le ici, puis inscrivez-le dans votre agenda.

____

- Quelles seront les étapes suivantes ?

____

____

L'ombre de vos talents

Les talents sont à l'origine de grandes satisfactions personnelles, et de belles réussites professionnelles... Jusqu'ici nous avons envisagé le côté lumière d'un talent. Avant d'aller plus loin, il peut être utile de savoir qu'ils ont une ombre.

Qu'est-ce que c'est ?

Passer du côté de l'ombre d'un talent, c'est un peu comme passer du côté obscur de la Force pour un Jedaï dans *La Guerre des Étoiles*. Les mêmes talents-pouvoirs ne sont pas au service des mêmes valeurs, des mêmes intentions. Prenons un exemple : le **talent « charismatique »**. Nelson Mandela et Adolf Hitler en étaient sûrement dotés. Seulement, ils ne le mettaient pas au service des mêmes valeurs. Nous pourrions dire que **l'ombre d'un talent, c'est en quelque sorte un excès de ce talent** : le réalisateur pourrait tourner au *workaholique* qui sacrifie tout à son travail. Ou un talent tourné à son seul profit. Ainsi, l'ombre de stratège pourrait être manipulateur.

Vous pouvez utiliser un talent à des fins diverses, côté lumière comme côté ombre. Observez, notez... et revenez-y plus tard ; les réponses, s'il y en a, ne se révéleront pas en une fois.

À quoi peut servir d'observer l'ombre de vos talents ?

Alors que vos valeurs vont sûrement dans le sens du bien commun, et que vos objectifs servent votre réalisation personnelle, mais pas au détriment des autres.

En fait, **l'ombre d'un talent, c'est aussi une zone de protection**. Pour vous. Un talent pour échapper à ce qui vous fait peur. Le talent « d'optimisation » peut vous aider à nier certaines problématiques. Associé à « chercher le consensus », et l'archétype pourrait en être les Bisounours... La « prudence », cette experte en détection de « bugs », est un talent, lorsqu'elle ne devient pas paralysante, par excès. Comment utilisez-vous vos talents pour vous freiner, pour éviter de vous exposer, d'avancer ?

Pour aller plus loin, nous vous proposerons de regarder au service de quelles valeurs vous mettez vos talents (étape 4), puis au service de quel projet professionnel (étape 5).

Quelle pourrait être l'ombre de chacun de vos talents ?

					← Votre talent
					← Son ombre éventuelle

Autour de leurs talents

Vous êtes presque devenue experte en talents. Vous avez une liste à votre disposition p. 72, vous avez appris à les différencier d'une compétence p. 68. Maintenant, regardez autour de vous, puis repérez quelques talents chez les personnes qui vous entourent. Après tout, c'est aussi la mission d'un leader de valoriser les talents de leurs *followers*, ceux qui ont décidé de les suivre.

Son nom →

Ses talents →

« On ne devient pas champion dans un gymnase. On devient champion grâce à ce qu'on ressent : un désir, un rêve, une vision. On doit avoir du talent et de la technique. Mais le talent doit être plus fort que la technique.

Mohammed Ali[33]

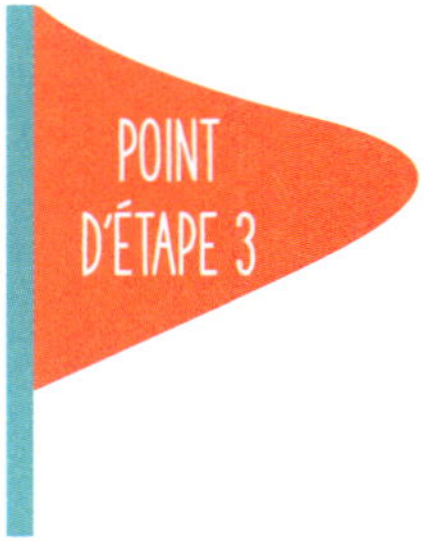

(Re)découvrir et booster vos talents

Les points clés

- J'ai des talents, ils sont en moi depuis l'enfance, même si je les utilise peu.
- Un talent se nourrit de savoirs et de savoir-faire.
- Exercer ses talents est une source de plaisir et de confiance en soi.
- Les talents se combinent entre eux pour faire émerger d'autres aptitudes et compétences.
- Je peux également utiliser un talent… contre moi.
- Travailler mes talents m'aide à voir ceux des autres.

Les exercices et expériences

- Vous avez fait votre Carte des Talents : elle vous plaît ? N'hésitez pas à la décorer, la mettre en valeur, bref que vous ayez du plaisir à la voir.
- Quel est le premier de vos talents que vous avez observé à l'œuvre dans votre travail ? Avez-vous fait le même travail d'observation pour vos cinq talents ?
- Où en êtes-vous avec les Pages du matin ? Avez-vous plus de facilité à vous abandonner ? À vous écouter dans toutes vos dimensions ?
- De nouvelles idées/remarques/pistes d'action ou de réflexion ont-elles émergé *via* les Pages du matin ou votre Cahier Tendances ? Vous en aurez besoin p. 130.
- Est-ce que quelque chose a bougé dans votre relation aux autres ? Et à vous-même ?

Baromètre Attitude Leader

Allez regarder votre Baromètre. Examinez chaque barre, constatez ce qui a pu évoluer au cours de cette étape. Et, bien sûr, faites bouger les curseurs, sans oublier de dater les nouvelles positions.

En route pour la quatrième étape !

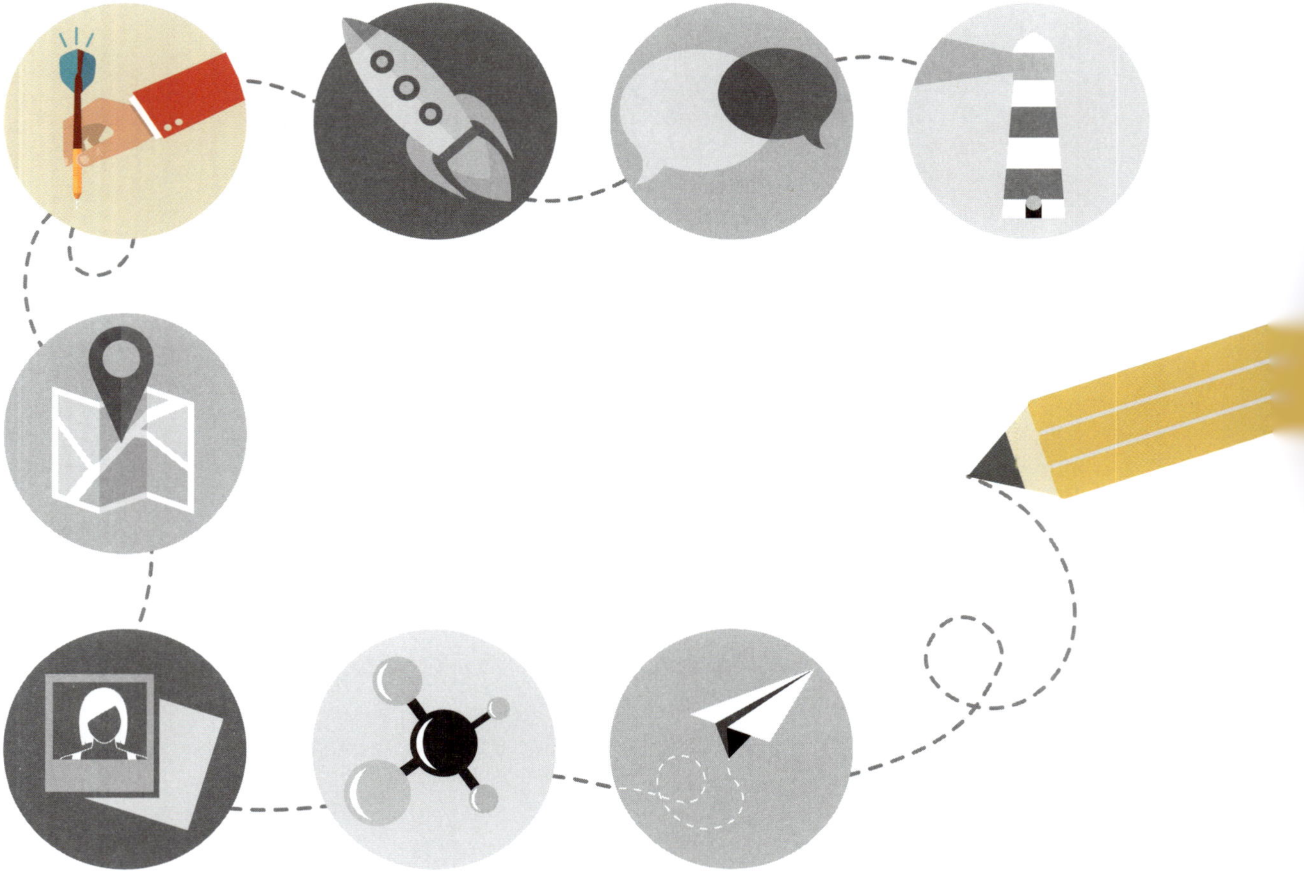

ÉTAPE 4

Confirmer ma direction

Vous avez pris l'habitude (nous l'espérons) de parler en votre nom, ou éventuellement en celui de vos collaborateurs. Vous êtes rassurée sur vos talents. Il est temps de découvrir, ou confirmer, la direction que vous souhaitez prendre dans votre vie professionnelle.
Cela va se faire en trois temps : découvrir des guides sûrs, vos valeurs ; puis nous vous demanderons de rêver à quoi ressemblerait le monde dans lequel vous aimeriez vivre ; enfin, quelle mission vous vous donnez pour contribuer à l'avènement de ce monde idéal.
Travailler sur sa direction, c'est comme positionner le nord de sa boussole. Ce n'est pas encore le voyage concret, mais c'est le plus sûr moyen de ne pas s'égarer et de garder le cap, quels que soient les tours et détours du chemin. Celui qui donnera l'occasion à votre leadership de se manifester et de s'épanouir. C'est bien à cette étape que vous finaliserez votre Boussole, que vous avez commencé à construire p. 60.

Mes valeurs

Vos valeurs sont des convictions très profondes, reliées à vos émotions. Elles constituent des repères essentiels lorsque vous devez faire des choix professionnels ou personnels. Ce sont des guides précieux.

Notre système de valeurs

Très tôt, nous construisons notre système de valeurs. Qui nous est propre, et qui contribue à nous différencier les uns des autres. Il évoluera peu au cours de notre existence.
Certaines de nos valeurs sont un héritage culturel, social ou familial. D'autres ont émergé naturellement, et assez tôt dans notre histoire. Dans certaines circonstances, nos valeurs peuvent entrer en contradiction, ou du moins en compétition : dans telle situation, en admettant que ce soient deux valeurs fortes pour moi, donnerai-je la préséance à la justice ou à la sécurité ?

Les valeurs dépendent de notre vie émotionnelle

Ce qui les rend particulièrement intéressantes, c'est leur lien indissociable avec notre vie émotionnelle. Avec trois implications majeures : leur puissance de motivation, puisqu'elles dessinent pour nous des objectifs désirables. Leur fonction, souvent inconsciente, de critère de choix : entre ce qui est bon ou mauvais, juste ou injuste... Et le plaisir profond que nous éprouvons à les servir.
Ici encore, comme pour les talents, il n'y a pas de frontière entre vie personnelle et vie professionnelle : nos valeurs sont actives dans tous les domaines de notre vie.
C'est à travers les valeurs qu'il défend qu'un leader suscite l'adhésion. D'où l'intérêt de reconnaître les siennes, et de les respecter. Pour vous y aider, regardez leurs caractéristiques, et étudiez la liste page suivante.

Comment reconnaître vos valeurs ?
Ne vous fiez pas a votre cerveau gauche, celui qui veut analyser et justifier ses choix... Faites plutôt confiance a votre intuition, et à votre ressenti.
Demandez-vous, pour chacune des valeurs que vous sélectionnerez page suivante, ce que vous éprouveriez si elle était bafouée.
Si vous sentez la colère monter, c'est que vous êtes sur la bonne voie. Nous vous donnons plus loin les outils pour affiner votre sélection.
Là encore, ne vous pressez pas, revenez deux ou trois fois sur la liste que nous vous proposons.

Les six caractéristiques des valeurs

Les valeurs ne sont pas toujours faciles à reconnaître. Nous verrons plus loin que nous pouvons les confondre avec des besoins. Pour vous aider à y voir plus clair, nous vous invitons à découvrir les six caractéristiques que Shalom Schwartz, professeur de pyschologie sociale, nous propose dans sa Théorie

> « *La parfaite valeur est de faire sans témoins ce qu'on serait capable de faire devant tout le monde.*
>
> **La Rochefoucauld**[34]

> « *Une valeur particulière peut être très importante pour une personne et sans importance pour une autre. [La] théorie [de Schwartz]*[35] *adopte une conception des valeurs qui leur attribue six caractéristiques principales.*

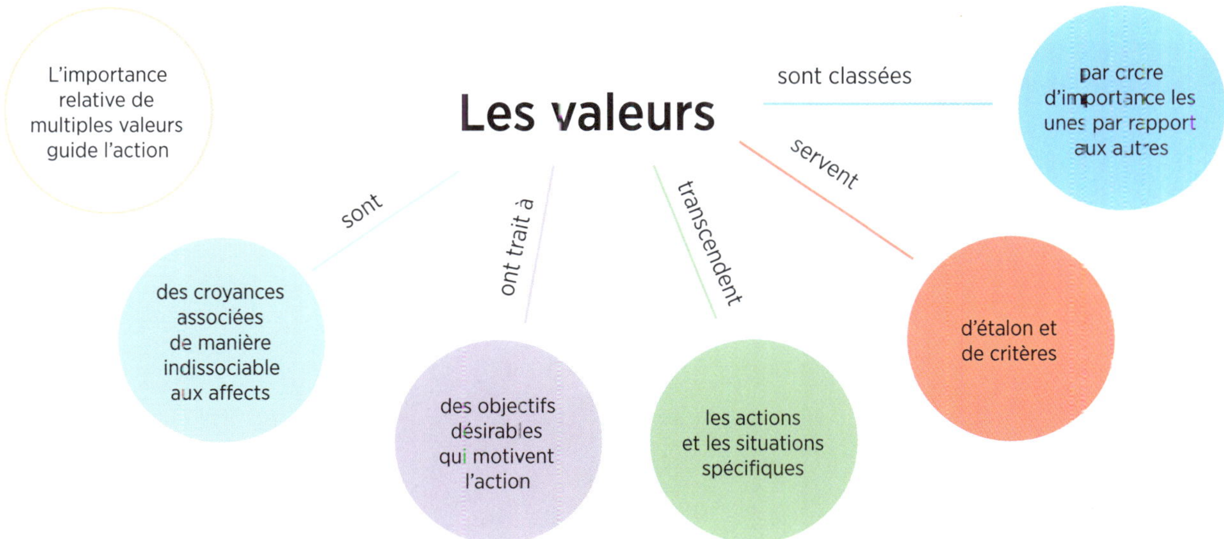

Première sélection de valeurs

Nos valeurs sous-tendent nos actions, et pourtant nous n'en sommes pas toujours conscients. Nous vous proposons ici un arrêt sur image, à la fois pour découvrir à quoi elles peuvent ressembler. Et repérer celles qui vous touchent.

Il est possible qu'à la lecture de cette liste, vous vous étonniez : « C'est une valeur, ça ? » Oui, nous avons du mal à comprendre que telle ou telle valeur puisse en être une, tout simplement parce qu'elle est très loin de notre système personnel. Et l'adhésion à une valeur ne relevant pas du rationnel, c'est encore plus difficile à « comprendre ».

↗ À vous de jouer

- Faites une première lecture, stabilo ou crayon en main, et marquez celles qui résonnent pour vous : une quinzaine environ.
- Relisez leurs caractéristiques, page précédente. Puis revenez sur vos choix, réduisez encore la sélection et gardez-en six pour le moment.

Vous ne trouvez pas dans cette liste une valeur à laquelle vous tenez ? Ou que vous pensez être une valeur ? Ajoutez-la. Vous la validerez page suivante avec le tableau « Valeur ou besoin ».

- Respect
- Famille
- Bonne santé
- Discipline
- Réciprocité
- Sécurité
- Tradition
- Partage
-
-

- Amour
- Honnêteté
- Bienveillance
- Responsabilité
- Loyauté
- Amitié
- Spiritualité
- Lucidité
- Sincérité
-
-

- Créativité
- Vie privée
- Autonomie
- Joie de vivre
- Plaisir
- Hédonisme
- Humour
- Audace
-
-

- Liberté
- Paix
- Justice
- Égalité
- Harmonie
- Nature
- Tolérance
- Dignité
- Sagesse
- Équité
-
-

- Autorité
- Réussite
- Passion
- Courage
- Richesse
- Ambition
- Intelligence
- Pouvoir
- Puissance
-
-

- Empathie
- Lenteur
- Beauté
- Simplicité
- Authenticité
- Fantaisie
- Humanité
-
-

Valeur… ou besoin ?

Nous avons besoin que nos valeurs soient respectées pour nous sentir en harmonie avec notre environnement. Mais il ne faut pas les confondre avec nos besoins. Prenez le temps de vérifier que vos valeurs ne sont pas seulement des besoins.

Nos émotions nous aident à faire la différence entre valeurs et besoins : lorsqu'elles sont mises en cause, bafouées, malmenées… les valeurs qui nous fondent réveillent des émotions fortes comme la colère, le dégoût, la tristesse, la déception. Ce sont elles qui vont servir d'indicateur pour différencier vos valeurs de vos besoins. **Nos besoins sont souvent contextuels** : l'ambition peut être un besoin, donc un moteur, dans ma vie professionnelle, mais pas dans mes relations affectives par exemple. Et l'amour, un besoin dans ma vie affective, mais pas dans ma vie professionnelle. Alors que **nos valeurs sont actives dans tous les domaines** de notre vie : vie personnelle ou professionnelle, relations affectives, argent…

Si, après analyse, vous avez moins de trois valeurs, retournez à la liste des valeurs pour une nouvelle sélection.

↗ Règle du jeu

En haut de chaque colonne, écrivez le nom des six valeurs que vous avez sélectionnées dans les pages précédentes. Pour chacune d'entre elles, imaginez qu'elle soit niée ou malmenée dans les différents domaines de votre vie. Notez votre ressenti à l'aide des légendes suivantes :

1 > Vous êtes un peu touchée.

2 > Vous êtes touchée.

3 > C'est insupportable.

Résultat

Vous êtes en présence d'une valeur importante si, tous domaines confondus, vous obtenez un minimum de 13 pour cette valeur. Vous n'obtenez pas ce score ? Il s'agit très probablement d'un besoin.

↗ Mes 3 valeurs importantes

- ______________________
- ______________________
- ______________________

Valeurs et besoins ne sont pas faciles à distinguer. Vous devrez peut-être faire plusieurs allers – retours entre sélection et tableau pour y parvenir.

Vos valeurs / Domaines de votre vie						
Vie personnelle						
Vie professionnelle						
Relations affectives						
Rapport à l'argent						
Famille						
Santé, bien-être						
Résultats						

Une énergie inépuisable

Respecter ses valeurs, utiliser ses talents, deux lignes d'action qui ont des effets à la fois semblables et qui se potentialisent : plus d'énergie, moins de stress et, surtout, plus d'assurance. Cela devrait impacter votre position sur votre Baromètre.

Se donner la possibilité, dans sa vie professionnelle et dans sa vie personnelle, d'être en accord avec ses valeurs, et de mettre en œuvre ses talents, cela pourrait s'appeler l'alignement. Plus prosaïquement, ce sont deux critères qui permettent de vérifier que nous sommes à notre juste place. Ce sont d'ailleurs deux des fondamentaux qui sous-tendent votre Boussole et vous permettront de déterminer votre Nord personnel.

Il est donc important d'utiliser le moteur « valeur » de façon plus consciente. Vous avez sans doute eu du mal à cerner vos valeurs. Elles sont tellement enfouies dans notre histoire, et tellement liées à notre vie émotionnelle, que nous avons du mal à les isoler, à les repérer en action. Et pourtant, ce sont elles qui, dans certaines circonstances, vont nous aider à oser sortir de notre réserve habituelle.

C'est ce que nous vous proposons de faire ici : rendre visible à vos yeux leur pouvoir énergisant et leur puissance de motivation, donc d'action. Vos valeurs sont à la fois un précieux guide et un puissant moteur.

↗ À vous de jouer

Pour chacune de vos valeurs, notez un moment particulier où vous l'avez sentie s'activer. Regardez derrière vous, mais prenez aussi le temps de vous observer dans les jours à venir. Trouvez au moins deux histoires : l'une où vous avez réagi fortement à une valeur malmenée, une autre où vous avez senti une autre de vos valeurs comme force de motivation ou d'action.

Peut-être vous sentez-vous agitée, fébrile, en vous remémorant certaines histoires... Oui, les valeurs sont un sujet très sensible. Elles forment une de nos grilles de lecture du monde, probablement la plus émotionnelle. D'autant qu'il est difficile d'être en relation profonde avec quelqu'un ou une organisation dont nous ne partageons aucune valeur.

Cela s'agite au niveau de votre plexus solaire ? C'est le moment de faire une page rush (Trousse Anti-Stress, p. 62) pour revenir au calme.

Votre valeur

L'histoire

Pour un groupe industriel en difficulté, j'animais des tables rondes pour mieux comprendre ce qui se passait sur le terrain. En accord avec la direction, j'avais promis l'anonymat aux participants, je ne ferais qu'un compte rendu qui agrégerait les différentes réponses. Une fois remis le document de synthèse, l'industriel me fit demander, via ma hiérarchie, de lui préciser qui avait dit quoi. Demande assortie d'une menace voilée de licenciement si je n'obtempérais pas. Indignée qu'on me demande de revenir sur ma parole, j'ai dit non. Avec une énergie et une détermination que je ne me connaissais pas. Accompagnées d'un sentiment de plénitude physique… et de fierté. Je dirais même… de solidité.

Béatrice P.

Fertilisation croisée

Votre entreprise ou votre organisation communique sur ses valeurs. Comment rentrent-elles en résonance avec les vôtres ? Ce ne sont sûrement pas exactement les mêmes, mais elles jouent probablement les complémentarités. Ou pas. Sachant qu'il est plus facile d'exercer son leadership lorsqu'il y a une certaine convergence des valeurs...

Nous vous proposons ici de les croiser : comment entrent-elles en relation ? Quelles nouvelles valeurs se trouvent à leur croisée ? Quelles nouvelles dynamiques peuvent se révéler ?

↗ À vous de jouer

À gauche vos valeurs, à droite celles de votre entreprise. Tracez les liens de résonance entre vos valeurs et celles de votre entreprise. Du pointillé au trait épais, indiquez la force de cette relation.

Vous pouvez faire le même rapprochement avec vos clients les plus importants : vous découvrirez peut-être ainsi de nouveaux espaces de rencontre... ou des causes d'incompréhension.

Quand je regarde les liens entre mes valeurs et celles de...

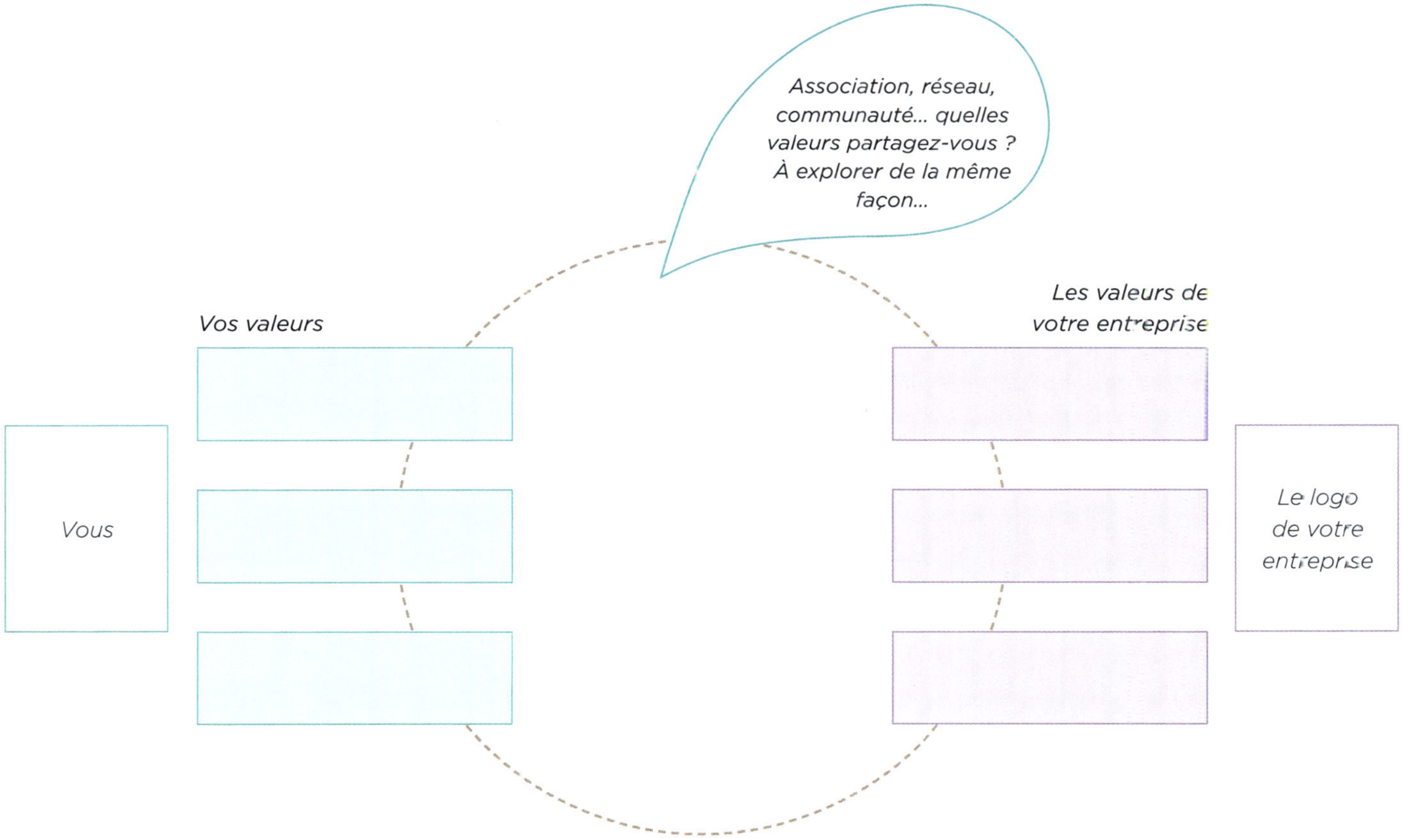

La valeur est la qualité occulte la plus insidieuse. C'est elle qu'on exorcise la dernière. Car c'est elle à laquelle l'inconscient s'attache le plus longtemps, le plus énergiquement.

Bachelard[36]

Téléchargez ce schéma sur www.moileader.fr

Vos valeurs dans votre vie professionnelle, aujourd'hui

Les entreprises ont à cœur d'afficher leurs valeurs. Et vous, prenez-vous soin de vos valeurs ? Pas obligatoirement en les affichant, peut-être en les respectant mieux, pour votre plus grand confort intérieur.
L'entreprise n'est pas obligatoirement l'endroit où vous deviendrez le chevalier blanc de vos valeurs. En revanche, pour un développement harmonieux de son leadership, il est important de n'être pas complètement en contradiction avec ses valeurs profondes. Et donc de se poser quelques questions :

- En quoi les objectifs qui me sont donnés répondent-ils en partie à l'expression de mes valeurs ?
- Dans quelles valeurs de l'entreprise je me reconnais ?
- Comment s'expriment mes valeurs dans ma façon de manager mon équipe ? D'interagir avec mes pairs ? Avec mes clients ?
- Que me manque-t-il, dans certaines situations, pour oser exprimer ou défendre mes valeurs ?

↗ À vous de jouer

Chacune de vos valeurs est représentée par une barre verticale. Pour chacune d'elle, indiquez d'un trait la place qu'elle occupe dans votre vie professionnelle. 1 = très faiblement respectée, 10 = complètement respectée.
Coloriez les barres.

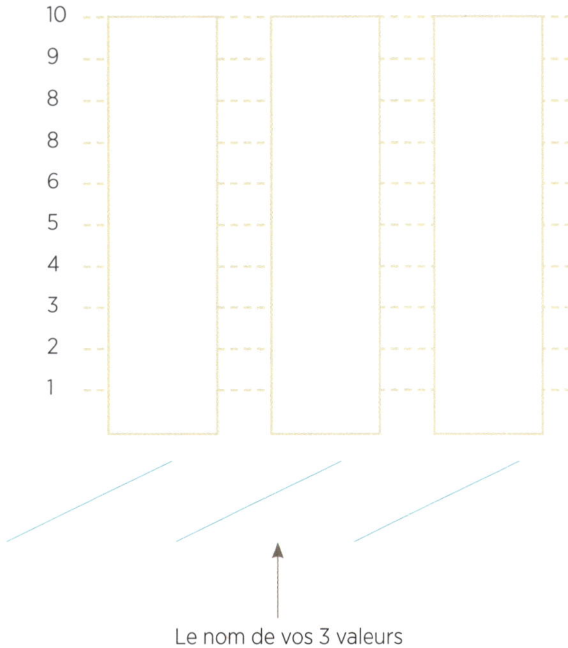

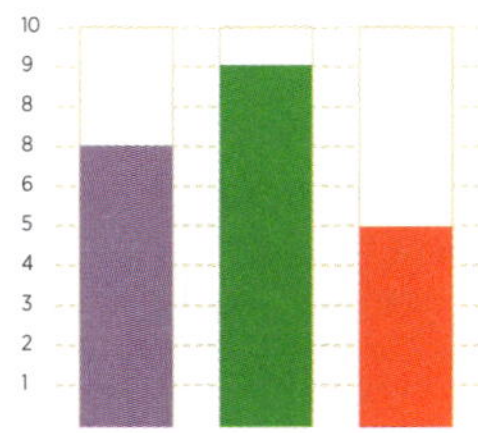

L'histogramme Valeurs de Jonathan

Ma Boussole (toujours en construction)

D'une façon générale, dans votre travail, vous tenez compte de vos valeurs, et vos valeurs sont respectées...
... pas du tout
...un peu
...beaucoup
...complètement

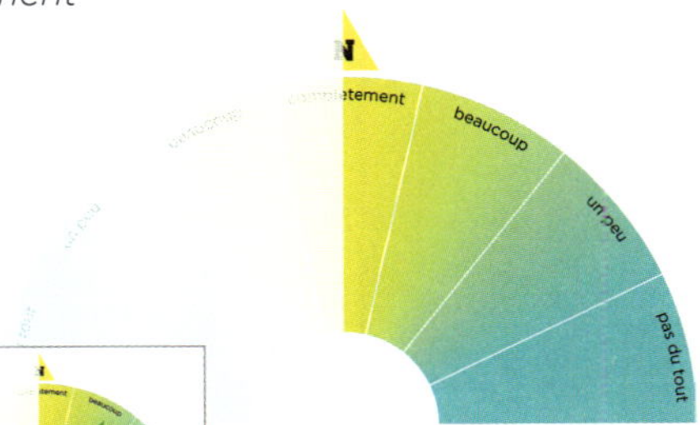

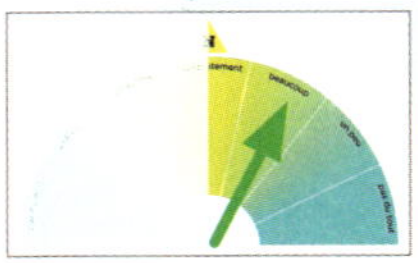

Cela pourrait ressembler à ça.

↗ Mode d'emploi

Munissez-vous d'une aiguille de Boussole verte (crayon, flèche post it ou découpée).
Posez le bas de l'aiguille au centre, à l'aplomb du Nord, puis positionnez le haut de l'aiguille dans la zone qui correspond à votre évaluation : pas du tout, un peu, beaucoup ou complètement ?

Action !

Quelles actions pourriez-vous mener pour mieux tenir compte de vos valeurs dans votre travail ? Par exemple, si vos valeurs sont, entre autres, plaisir et partage, que pourriez-vous faire dans une réunion pour aller encore plus loin dans ce sens-là ?

•
•
•

Choisissez une action dans votre liste.

Quel est le premier pas que vous pouvez faire dans cette direction ? Notez-le ici, puis inscrivez-le dans votre agenda.

Quelles seront les actions suivantes ?

•
•
•

Les 7 P, très utile pour se donner les moyens de passer à l'action. Voir p. 176

Respiration...

Depuis le début de ce Parcours, nous vous avons invité à programmer de nombreuses actions : faire de la place à une Passion (p. 60), cultiver plus particulièrement un Talent (p. 90), utiliser la dynamique d'une Valeur (p. 107)... C'est le moment de souffler un peu et d'apprécier le chemin parcouru.

Vous avez eu le courage de changer ou de mettre en place quelque chose de nouveau, qui vous convient mieux.
Écrivez ce que vous ressentez, éventuellement comment d'autres ont réagi à vos initiatives... Ce que cela a fait bouger, dans les faits... et en vous. Ressentez-vous plus d'assurance ? Plus de calme ? Moins d'inquiétude ? Est-ce que votre stress a un peu diminué ? Qu'avez-vous osé de nouveau ? Quel « petit moi » vous réjouit ? Lequel vous titille encore un peu ?
Vous pouvez également juste dessiner, colorier, ou suivre une de nos propositions de récréations.

Faites des pauses

Si vous n'y avez pas touché depuis longtemps, c'est le moment de consacrer un peu de temps à votre Cahier Tendances (voir p. 42), vous en aurez besoin pour les prochaines activités.

Allez vérifier dans votre Passeport Bien-Être, p. 126, que vous tenez bien compte de vos besoins. Et si vous n'aviez pas encore pris le temps de le remplir, c'est l'occasion de le faire !

Expérimentez une des mini-récrés proposées dans votre trousse Anti-Stress, p. 64.

Votre vision idéale du monde

Les leaders se projettent dans le futur, ils puisent leur énergie dans leur vision personnelle du monde. Et vous, quelle vision vous donne envie du futur ? Prenez le temps d'imaginer le monde idéal dans lequel vous aimeriez vivre avec vos proches.

Vous avez sûrement en tête des morceaux de votre monde idéal. À cette étape, nous vous invitons à préciser l'idée que vous vous en faites, même de façon peu consciente jusque-là.

Depuis que nous sommes en interaction avec le monde, c'est-à-dire dès le plus jeune âge, nous construisons une vision du monde qui s'enrichit avec nos expériences. Il y a ce qui nous convient, ce qui ne nous va pas, et ce qu'on aimerait qui soit : une vision idéale, et très personnelle, du monde.

Cette vision d'un monde idéal est un moteur plus ou moins conscient. D'abord parce qu'elle met en scène nos valeurs qui y sont complètement satisfaites. Ensuite parce qu'elle tient compte de qui nous sommes, qualités et talents inclus. Enfin, parce qu'elle nous donne envie d'un futur dont nous serions les acteurs. Et peut-être les leaders ? En résumé, votre vision du monde contribue à donner du sens à notre vie.

Aujourd'hui, nous vous proposons de la décrire de façon plus globale. Avec des mots et des images qui vont se compléter, entrer en synergie.

Construire sa vision du monde avec des idées

Trouvez un lieu inspirant – chez vous, dans un café, sur un banc au soleil –, où vous pourrez être totalement disponible à vous-même pour une trentaine de minutes. Prenez aussi avec vous votre Cahier Tendances et de quoi écrire.

↗ À vous de jouer

- Feuilletez rapidement votre Cahier Tendances. Il est déjà sûrement plein d'éléments qui font partie de votre monde idéal.
- Refermez-le. Laissez libre cours à votre imagination, contactez vos rêves même les plus fous. À quoi ressemblerait cette planète où vous seriez pleinement vivante ? Qu'est-ce que vous souhaiteriez vraiment voir, entendre, sentir, goûter, ressentir ?
- Laissez venir des mots, des idées... Ne cherchez pas à être cohérente, ce sont juste des flashs qui se juxtaposent. Notez-les ici, dans le désordre, en couleur si vous le souhaitez...
- Fermez les yeux si cela peut vous aider. Rappelez-vous : il n'y a pas de bonne réponse, il n'y a qu'une réponse valable, celle qui vous va.

Dans mon monde idéal, les mégapoles ont disparu. Les habitations sont regroupées comme dans une oasis, au milieu de grands espaces de verdure. Les villes sont fortement connectées entre elles. Nous ne dépensons presque plus d'énergies qui ruinent la Terre. Tout le monde connaît au moins trois langues pour favoriser les échanges. Dans chaque îlot-ville, il y a des espaces communautaires pour créer, imaginer, innover : tous les métiers s'y rencontrent.

Florian C.

Construire sa vision du monde avec des images

Collez ici

↗ À vous de jouer

- Listez trois grandes causes qui vous touchent, que vous aimeriez défendre. L'alphabétisation ? Les enfants, qu'ils soient malades ou isolés ? La protection de l'environnement ? Les possibilités sont vastes.

____

____

____

- Choisissez celle qui vous motive le plus. Puis trouvez une image pour l'illustrer. Collez-la dans le cadre ci-contre.

Cette illustration vient compléter votre vision d'un monde idéal.

Construire sa vision du monde avec une histoire

Il sera une fois... Rêvez grand ! Imaginez par exemple que vous êtes un scénariste pour un film de science-fiction à gros budget. Une seule consigne : imaginer la planète idéale dans laquelle vous aimeriez vivre. C'est ce qu'a dû faire le scénariste du film *Avatar* en imaginant la planète Pandora.

Si vous êtes bien en phase avec vous-même, tout en déroulant votre récit, vous ressentirez des manifestations dans votre corps : sourire spontané, énergie en hausse,

↗ À vous de jouer

Regardez vos notes et votre collage ; maintenant, racontez. Décrivez votre monde idéal. Commencez par planter le décor : l'environnement, les habitats, Racontez ce que vous y faites avec tant de plaisir et avec qui, dans les domaines personnel et professionnel. Un peu comme si vous racontiez un conte de science-fiction à un enfant ; comme si vous retrouviez votre âme d'enfant lorsque, en jouant, vous commenciez vos phrases par « On dirait que... ».

Il sera une fois...

Votre contribution

Qu'y a-t-il de plus motivant que de travailler à l'avènement d'un monde auquel nous croyons ?

> “ *Si je ne suis pas moi-même, qui le sera pour moi ? Et si je ne vis pas pour moi-même, qui vivra pour moi ?*
>
> **Hillel l'Ancien**[37]

↗ À vous de jouer

Imaginez trois pistes d'action ou de réalisation que vous pourriez mettre en œuvre pour contribuer à l'avènement de votre monde idéal : une par nuage. Soyez concrète, mais pas obligatoirement réaliste. Oubliez les moyens et les diplômes : qu'est-ce que vous rêveriez de pouvoir faire ? De pouvoir mettre en place ? Utilisez des verbes d'action.

Une idée
par nuage

Comment être sûre que cette vision est celle qui me convient le mieux ?

C'est un point important à vérifier. Parce que nous pouvons être influencé par les aspirations qui nous sont proposées à la télé, dans nos cultures familiales ou sociales.

Premier point à vérifier : est-ce que vos trois valeurs sélectionnées y sont pleinement représentées ?

Deuxième point : est-ce que vous ressentez une forme d'excitation ou de grand bien-être à vous imaginer dans ce monde idéal ?

Troisième point : est-ce que cette vision vous stimule ? Est-ce qu'elle vous donne envie d'agir dès aujourd'hui, même si vous ne savez pas encore exactement comment ?

C'est à cette dernière question que nous essaierons de répondre dans les pages suivantes.

Votre mission

Le grand détour par votre imaginaire que nous venons de faire avait pour but de vous aider à formuler votre mission. D'une certaine façon ce sera votre bannière, derrière laquelle se rangeront peut-être d'autres personnes, concernées par la même mission que vous ou par des missions complémentaires.

Comment définir sa mission

Votre mission, c'est la façon dont vous allez participer à la mise en œuvre des trois idées de contribution que vous avez déterminées dans les pages précédentes.

Arrêtons-nous sur ce mot « mission » : nous sommes d'accord, c'est un bien grand mot, dont les connotations, par les temps qui courent, peuvent être parfois ambivalentes, voire négatives. Oui, c'est un mot ambitieux : « J'ai une mission » ou, plutôt « Je me suis donné une mission ». Et pourtant… c'est bien elle qui va contribuer fortement à donner du sens à votre vie, en faisant vivre vos valeurs, en utilisant vos talents, en poursuivant votre rêve…

Lorsque vous aurez trouvé les trois verbes d'action qui vous motivent le plus, vous serez en mesure de rédiger votre mission dans les pages suivantes.

↗ À vous de jouer

Mission = Action

- Dans la liste de verbes ci-contre, choisissez trois verbes qui caractérisent votre mission.
- Faites une sélection en entonnoir :
  - Cochez tous ceux qui vous stimulent,
  - Refaites un choix dans cette sélection, et ainsi de suite jusqu'à ce qu'il ne vous reste que trois verbes.

Cette liste de verbes d'action n'est pas exhaustive, vous pouvez ajouter les vôtres. L'important, c'est de les formuler à la première personne du présent.

Ici encore, votre corps va parler, vous aider à valider vos pistes de contribution : avez-vous repéré les signaux qu'il vous envoie lorsque vous êtes très motivée, « à fond » sur quelque chose qui vous plaît ? Papillons dans le ventre, sourire amusé, envie de bouger, petite chanson au bord des lèvres ?

- ☐ Je soigne
- ☐ Je facilite
- ☐ J'enseigne
- ☐ J'analyse
- ☐ J'explore
- ☐ Je recherche
- ☐ Je transforme
- ☐ Je motive
- ☐ Je gouverne
- ☐ J'écris
- ☐ Je cuisine
- ☐ Je crée
- ☐ Je médite
- ☐ Je raconte
- ☐ J'illumine
- ☐ Je dirige
- ☐ Je voyage
- ☐ Je cultive
- ☐ J'invente
- ☐ J'accompagne
- ☐ J'accomplis
- ☐ Je clarifie
- ☐ J'éduque
- ☐ J'orchestre
- ☐ Je compose
- ☐ J'évalue
- ☐ Je mobilise
- ☐ Je simplifie
- ☐ Je mets en place
- ☐ Je sers
- ☐ J'organise
- ☐ Je relie
- ☐ J'aide
- ☐ Je conseille
- ☐ Je négocie
- ☐ Je mobilise
- ☐ J'apprends
- ☐ Je nourris
- ☐ J'identifie
- ☐ Je résous
- ☐ Je sauve
- ☐ Je construis
- ☐ Je démontre
- ☐ ____________________
- ☐ ____________________
- ☐ ____________________

↗ Vos trois verbes d'action

- ____________________
- ____________________
- ____________________

Votre mission : les mots pour l'exprimer

« Je m'intéresse à l'avenir parce que c'est là que j'ai décidé de passer le restant de mes jours.

Woody Allen

L'expression de votre mission doit se faire en deux ou trois phrases maximum. Elle est très générique, et vaut souvent pour tous les domaines de votre vie, même si elle s'y traduit de façons différentes. Elle est même souvent métaphorique.

De même, tout au long de votre vie, elle pourra prendre des formes différentes. Inutile qu'elle soit réaliste, ou réalisable au premier degré ; c'est une métaphore qui indique une direction, celle qui contribue à donner du sens à votre vie.

Pour vous aider, nous allons vous donner des exemples : les nôtres et ceux de personnes que nous accompagnons. Comme vous allez le voir dans les exemples donnés, le travail à un temps T n'est que l'une des diverses façons dont peut se manifester ou se concrétiser notre mission.

↗ À vous de jouer

En vous appuyant sur les verbes d'action que vous avez choisis, et sur vos contributions, décrivez ici votre mission.

Ma mission

____

____

____

____

____

____

____

Ma mission : architecte des rêves. Pour qu'un rêve devienne réalité, il y a juste une marche à franchir. Je suis cette architecte qui conçoit le plan qui permet d'accomplir ce pas. Donner une chance aux gens qui m'entourent, les motiver et les inciter à travailler en équipe pour concrétiser un projet me donne une grande satisfaction et confiance en moi.

Persévérer et se surpasser, c'est ce que j'ai toujours fait pour que l'irréalisable devienne une réalité. Alors, quand j'ai formulé ma mission, je me suis rendue compte que j'y étais déjà fidèle, que ce soit dans ma vie personnelle en aidant tous ceux qui étaient autour de moi à croire en leurs rêves et à les réaliser, ou dans ma vie professionnelle en tant que chef de projet dans différents contextes.

Caroline D.

Ma mission : GPS interactif. Aider les autres à s'y retrouver dans le dédale de leur vie, à faire le tri dans les informations qu'ils reçoivent, les événements et les émotions qu'ils traversent pour qu'ils comprennent le sens de ce qui leur arrive et qu'ils puissent choisir en conscience leur direction et leurs actes est ce que j'aime faire le plus.

J'ai identifié ce « fil rouge » en me rendant compte que j'ai toujours fait ça, que ce soit dans ma vie personnelle avec ma famille, mes ami(e)s, lorsqu'ils/elles traversent des épreuves ou se posent des questions sur leur travail, leur couple, ou dans ma vie professionnelle lorsque j'aide mes collègues à remettre les projets ou les événements en perspective et à en dégager des pistes d'action pour eux/elles-mêmes. C'est une chose instinctive chez moi et le faire est énergisant et me procure un sentiment d'utilité indispensable à mon épanouissement.

Aujourd'hui, je souhaite mettre au premier plan cette mission comme fondation de ma future activité professionnelle, là où je ne voyais qu'un « hobby ».

Nathalie C.

Ma mission : professeure de langues. Et pourtant, je n'enseigne aucune langue étrangère. Ce qui m'intéresse, c'est d'abord d'entendre ce que nous avons à nous dire (première langue), puis de le manifester pour nous-mêmes (deuxième langue), ensuite d'en communiquer ce que l'on veut avec l'autre (troisième langue) et, enfin, de vraiment comprendre l'autre (X langues).

Quand j'ai formulé ma mission, je me suis rendue compte que c'est ce que je faisais depuis toujours professionnellement : d'abord comme professeur de dessin, puis comme journaliste, enfin comme formatrice et coach et, aujourd'hui, en coécrivant ce livre. Avec lequel j'espère vous aider à entendre votre désir.

Isabel F.

Ma mission : monitrice d'auto-école. Travailler sur la mobilité, développer le sens de l'observation, se fier à son intuition, optimiser ses talents pour se donner les moyens d'être dans le siège du conducteur et conduire sa vie de façon ajustée et créative me donne une énergie remarquable. Et je fais cela depuis toujours (même dans la rue pour ceux qui cherchent leur chemin). Professionnellement, d'abord comme consultante marketing, puis comme ingénieur commercial en SSII, et enfin comme accompagnante dans des coachings et des animations de groupe ou en coécrivant ce livre.

Nathalie R.

Votre mission dans votre vie professionnelle, aujourd'hui

Mission et travail

Comme vous avez pu le voir dans les témoignages que vous avez lus pages précédentes, notre occupation professionnelle à un temps T de notre vie n'est qu'une des diverses façons dont peut se manifester ou se concrétiser notre mission.

Le lien entre votre travail actuel et votre mission peut être très succinct : gagner l'argent nécessaire pour investir dans..., acquérir l'expérience qui vous permettra de... Et derrière, ces points de suspension se trouvent des objectifs au service de votre mission.

Votre travail n'est pas raccord d'une façon ou d'une autre avec votre mission ? Il y a de fortes chances que vous vous y ennuyiez, n'y trouviez pas beaucoup de sens... et surtout, ne vous donne pas l'occasion d'exercer votre leadership.

↗ Mode d'emploi

Munissez-vous d'une aiguille de Boussole violette (crayon, flèche post it ou découpée).

Posez le bas de l'aiguille au centre, à l'aplomb du Nord, puis positionnez le haut de l'aiguille dans la zone qui correspond à votre évaluation : pas du tout, un peu, beaucoup ou complètement ?

D'une façon générale, votre travail a-t-il un lien, quel qu'il soit avec votre mission ?

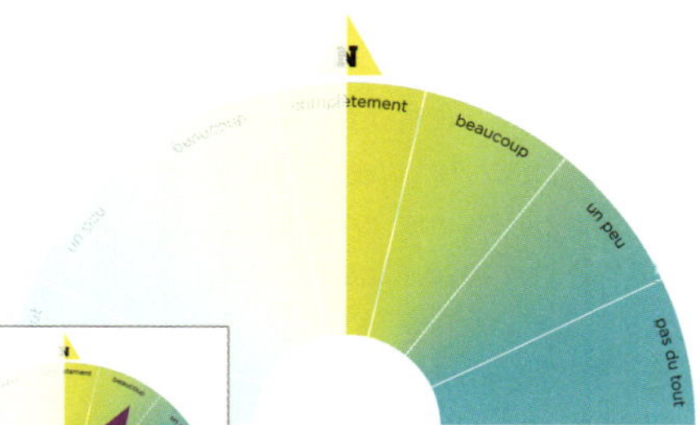

Cela pourrait ressembler à ça : →

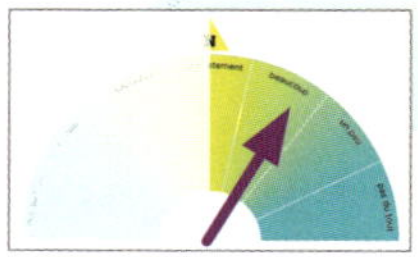

Les 7 P, très utile pour se donner les moyens de passer à l'action. Voir p. 176

Ma petite synthèse

Vous venez de passer une étape dense, qui vous a demandé de sortir de vos chemins de réflexion habituels. Est-ce que cela vous a permis d'entrevoir d'autres possibles ? De quelque sorte qu'ils soient, découvertes, réflexions et perplexités sont les bienvenus.

« Une fois qu'on a goûté au futur, on ne peut pas revenir en arrière.

Paul Auster[38]

Action !

Quelles actions pourriez-vous mener pour mieux prendre en compte votre mission dans votre travail ? Il peut s'agir d'une formation, d'un plan d'epargne, d'une adhésion à une association, d'une façon légèrement différente de manager vos collaborateurs...

-
-
-
-

Choisissez une action dans votre liste...

Quel est le premier pas que vous pouvez faire dans cette direction ? Notez-le ici, puis inscrivez-le dans votre agenda.

Quelles seront les étapes suivantes ?

-
-
-
-

Votre Boussole

Au cours des trois dernières étapes, vous avez mis en place les éléments de votre Boussole, votre troisième outil de navigation après le Baromètre et la Carte des Talents. Il est temps maintenant de les assembler : pour la suite du voyage, vous en aurez besoin pour vérifier que vous maintenez le cap vers votre Nord personnel.

Comment utiliser votre Boussole ?

Votre Boussole a une seule fonction : vous aider à vérifier que vous êtes dans la bonne direction, celle que nous appelons votre Nord personnel. La bonne direction, c'est celle qui vous permet d'être alignée, d'agir en cohérence avec ce que vous êtes, ce qui vous meut.

L'objectif n'est pas d'avoir « tout bon ». Votre vie professionnelle n'ayant pas pour fonction de répondre à toutes vos aspirations. En revanche, plus vous serez en phase avec ce que vous êtes, plus vous aurez confiance en vous pour développer un leadership qui vous ressemble.

L'objectif serait plutôt de ne pas avoir de blanc dans les deux premiers cadrans et de viser le « assez aligné » pour les quatre composantes. Et si ce n'est pas encore le cas, action !

Vous pourrez également utiliser cette Boussole à l'heure d'un choix, professionnel ou personnel, afin de vérifier que ce choix vous convient pleinement.

↗ À vous de jouer

- Reportez dans les stickers vos trois passions (p. 58), vos cinq talents (p. 85), vos trois valeurs (p. 105) et votre mission p. 118).
- Pour chacun de ces items, prenez le temps de faire le point. Où en êtes-vous aujourd'hui ? Si vous avez mis en place des actions, vous avez sûrement franchi une étape depuis que vous vous êtes posé la question aux étapes précédentes : par exemple de « un peu » à « beaucoup », ou de « pas du tout » à « un peu », ou même à « beaucoup » ?
- Vous constatez qu'un des quatre composants de vote Boussole mériterait d'être un peu boosté ? Lequel ? Sur quel point décidez-vous d'agir ?

____

- Quelle action pouvez-vous entreprendre ?

____

- Quel sera votre premier petit pas ?

____

Afin d'avoir toujours une Boussole sous la main, photocopiez celle-ci avant de la remplir, ou téléchargez-la sur www.moileader.fr

Ma Boussole Orientée Motivation®

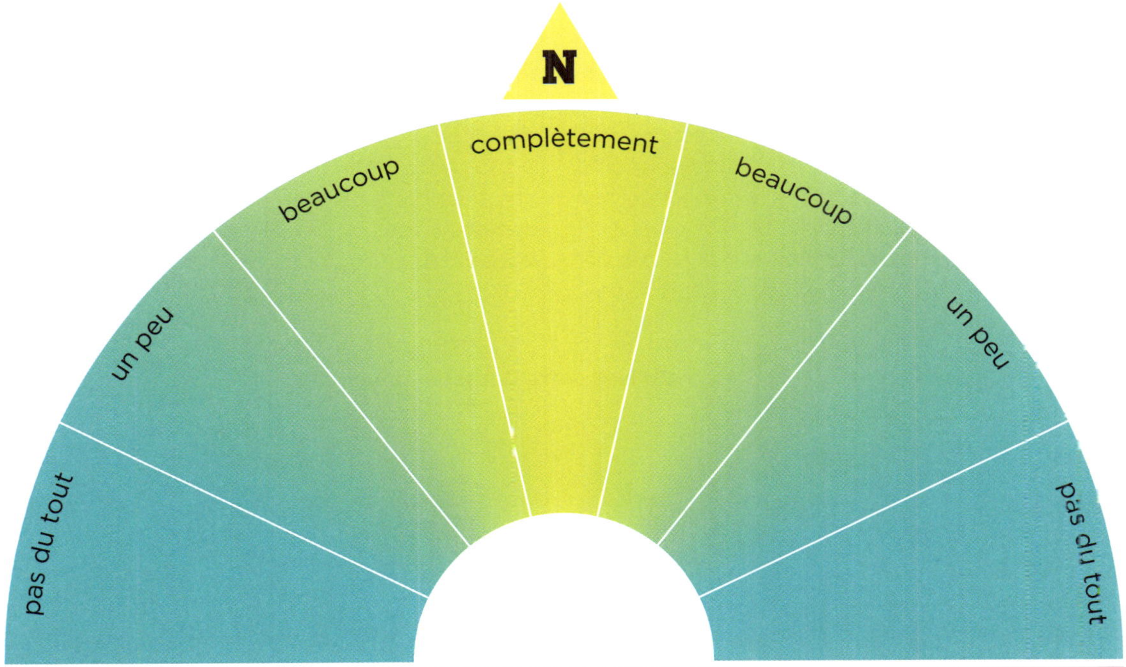

Mes passions

Mes talents

Mes valeurs

Ma mission

Apprenez à naviguer avec votre Boussole

Pour tirer pleinement parti de votre Boussole Orientée Motivation®, entraînez-vous en l'utilisant dans des domaines autres que professionnels.
Pour chaque projet, posez-vous les mêmes questions ; de quelle façon y sont pris en compte du temps pour une passion (P), l'exercice de vos talents (T), le respect de vos valeurs (V), le sens de votre mission (M).
Les marins le savent bien : avec un voilier, il n'y a pas de ligne droite. On tire des bords, c'est la meilleure façon de profiter de l'énergie du vent. Ce qui donne parfois l'impression de s'éloigner de son cap.
Il en est de même dans les parcours professionnels ; tout n'est pas toujours aligné, mais nous savons exactement pourquoi : nous ne perdons pas de vue notre Nord personnel.
Donc pas d'inquiétude si tous les indicateurs ne sont pas orientés au Nord puisque vous savez maintenant comment vous diriger. Sur quels atouts exprimer votre leadership.

Utilisez votre Boussole pour...

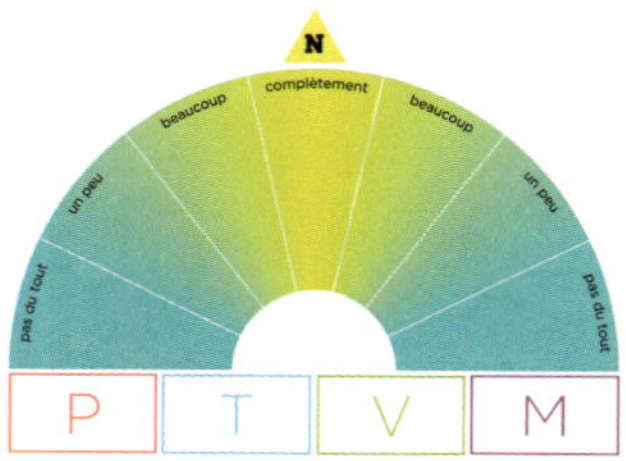

... un choix de vacances

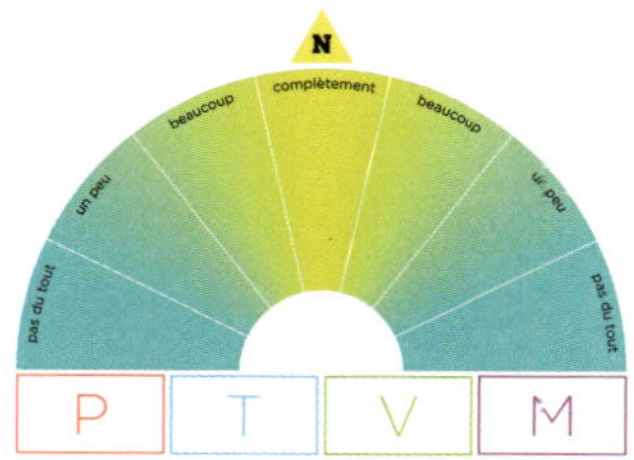

... un choix de formation

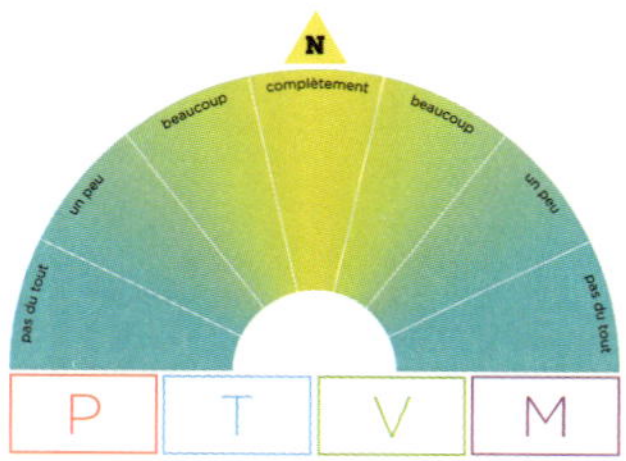

... un engagement associatif

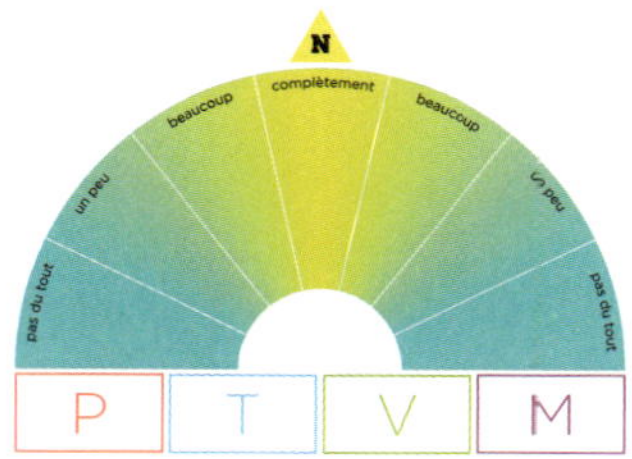

POINT D'ÉTAPE 4

Confirmer ma direction

Les points clés

- Mes valeurs sont des guides précieux. Elles contribuent à donner du sens à mes choix.
- Mes valeurs sont actives dans tous les domaines de ma vie. À ne pas confondre avec des besoins contextuels.
- Même inconsciemment, chacun de nous porte en lui sa vision d'un monde idéal. Cette vision s'enrichit depuis notre enfance.
- Contribuer à l'avènement de ce monde idéal, voilà la mission que nous pouvons nous donner, et pour laquelle nous serons naturellement motivés.
- Notre mission permet à nos valeurs et à nos talents de s'exprimer pleinement.

Les exercices et expériences

- Vous avez sélectionné vos trois valeurs majeures, celles qui vous font fortement réagir lorsqu'elles ne sont pas respectées.
- Vous savez maintenant dans quel monde idéal vous aimeriez vivre : vous avez mis dessus des mots et des images.
- Votre mission est clarifiée ; vous savez comment contribuer à la réalisation de votre rêve.
- Votre Cahier Tendances vous a-t-il été utile dans cette étape ? Continuez à l'enrichir, vous en aurez encore besoin.
- Plus que jamais, soyez fidèle à vos Pages du matin. Elles sont aussi le lieu d'émergence de vos rêves et des projets qui y mènent.

Baromètre Attitude Leader

Allez regarder votre Baromètre. Examinez chaque barre, constatez ce qui a pu évoluer au cours de cette étape. Et bien sûr, faites bouger les curseurs, sans oublier de dater les nouvelles positions.

En route pour la cinquième étape !

Votre Passeport Bien-Être

Le secret pour être à l'aise, et même au top de ses performances dans bien des situations ? Connaître ses besoins et les respecter. Nous allons donc vous aider à répondre à trois questions d'importance : vos réponses vous aideront à mieux négocier certaines étapes de ce Parcours.

Comme nous le disons pour les Pages du matin, p. 44, vous obtiendrez des résultats différents selon l'heure où vous pratiquez les activités proposées dans ce livre. Et s'il est quelques règles générales, il y a surtout des réalités différentes : à chacun de trouver son tempo !
Nos rythmes naturels jouent un rôle clé : si vous êtes « du soir », et que la situation exige de vous une réaction forte et immédiate de bon matin, il y a des chances pour que vous ne soyez pas au top de vos réactions. Il en sera de même pour animer une réunion.

Vous êtes du soir, ou du matin ?

Votre réponse : ______________________

Vous savez déjà probablement si vous êtes du soir ou du matin. Nous vous proposons d'affiner la perception de vos rythmes par une semaine d'observation.

	Tôt	Matin	Déjeuner	Après-midi	Début soirée	Fin soirée	Nuit
	6 -9 h	9-12 h	12-14 h	14-18 h	18-21 h	21-24 h	0-6 h
Lundi							
Mardi							
Mercredi							
Jeudi							
Vendredi							
Samedi							
Dimanche							

Règles du jeu : Crayonnez chaque case en fonction de votre niveau de forme :

- pas terrible
- ça va
- au top !

Cette activité vous a été proposée p. 49

Quel est votre sens dominant ?

Savez-vous avec quel sens vous communiquez le plus efficacement, et de façon naturelle et spontanée ? Fermez les yeux, et imaginez-vous dans la cuisine d'un grand chef, à l'heure des préparatifs du déjeuner... Laissez-vous imprégner quelques secondes, puis répondez sans réfléchir à ces questions :

Quel sens vous a le plus inspiré ? Autour duquel votre imaginaire a le mieux fonctionné ? Vous pouvez en avoir deux.

☐ tactile ☐ visuel ☐ auditif ☐ olfactif ☐ gustatif

Cette activité vous a été proposée p. 154

Votre réponse

Cette activité vous a été proposée p. 183

Extravertie ou introvertie ?

Commençons par une devinette proposée par Devora Zack dans *Cultiver son réseau quand on déteste réseauter* :

1. Pourquoi les extravertis ont-ils des boîtes vocales ?
2. Pourquoi les introvertis ont-ils des boîtes vocales ?

Réponses :

1. Pour ne jamais rater un appel.
2. Pour ne jamais répondre au téléphone.

Il y a des tests qui vous permettront de définir si vous penchez d'un côté ou de l'autre, et ce depuis votre plus jeune âge. Mais un critère à nos yeux très important peut déjà vous mettre sur la piste : votre énergie. Dans quelles situations récupérez-vous de l'énergie ? Dans quelles situations en dépensez-vous ?

- L'extraverti puise son énergie dans la compagnie des autres. Être seul lui en coûte.
- L'introverti récupère de l'énergie dans la solitude, il en dépense dans la compagnie des autres.

Vous pouvez ainsi avoir des introvertis très sociables et communicatifs... s'ils ont eu leur dose de solitude. Et des extravertis qui supportent très bien des moments de solitude... s'ils ont eu leur comptant de socialisation. C'est comme un budget : il suffit de bien gérer les entrées et les sorties.

Alors ? Qu'en est-il pour vous ?

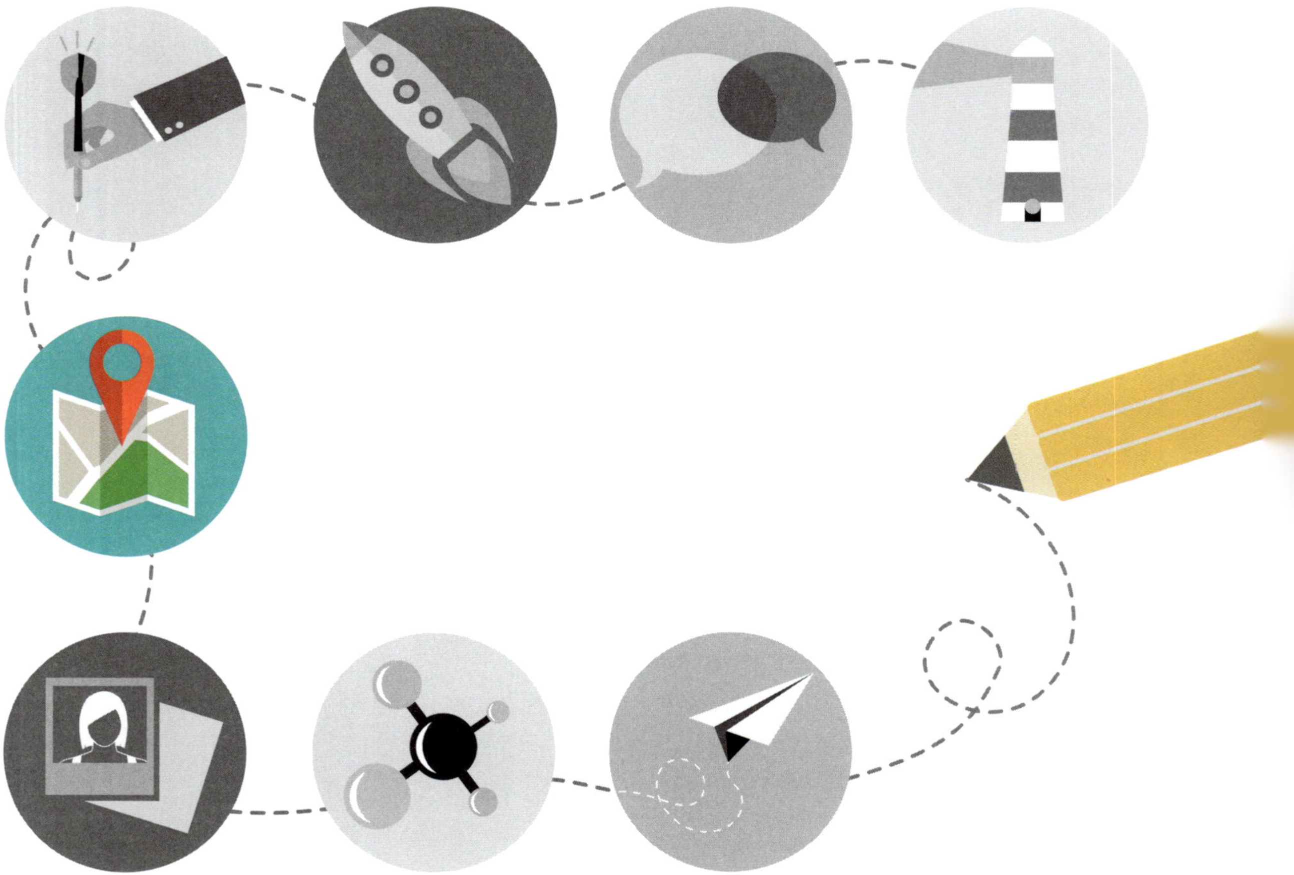

ÉTAPE 5

Imaginer mes prochaines destinations

Vous avez maintenant établi votre Nord personnel. En tenant compte de cette direction, regardons quelles pourraient être vos prochaines destinations. Il est rare en effet de vouloir rester toujours au même endroit : lorsque nous avons acquis plus d'expérience, nous souhaitons évoluer. Pour plus de responsabilités. Ou pour explorer de nouveaux territoires. Sans oublier que travailler son leadership s'accompagne souvent du désir de reprendre le contrôle de sa vie professionnelle.

À ce stade, vous avez trois possibilités :

- Vous souhaitez changer de travail, envisager un nouveau positionnement... Il faudrait une démarche plus longue, à mettre en place une fois que vous aurez bien renforcé votre leadership, après l'étape 8.
- Exercer votre leadership dans votre position actuelle est votre seul objectif aujourd'hui : dans ce cas, passez tout de suite à l'étape 6.
- Profitant de votre nouvelle assurance, vous désirez bouger : Boussole en main, nous allons vous inviter à vous projeter. Où aimeriez-vous être d'ici trois à cinq ans ? Quelle pourrait être votre prochaine destination dans votre entreprise, votre secteur ? De quelle façon aimeriez-vous exercer votre leadership ?

Il y a rarement une seule réponse. Nous vous a derons à réaliser votre Carte Itinéraires, en envisageant deux destinations et les chemins pour y arriver. Puis nous vous accompagnerons au cours des premiers pas, après avoir vérifié avec votre Boussole que vous maintenez le cap vers votre Nord personnel.

Où aimeriez-vous être dans trois à cinq ans ?

Vous avez défini votre mission. Il est temps maintenant de déterminer comment elle va prendre forme dans votre vie professionnelle dans les trois à cinq ans à venir. Pour cela, vous avez besoin de définir une destination, qui représentera une des (nombreuses) étapes de votre vie professionnelle.

Vos images du futur

Le futur vous intéresse : pour une fois, profitez de cette tendance naturelle à passer plus de temps dans le passé et le futur que dans le présent. Alors, comment imaginez-vous votre proche avenir ?
Pour vous y aider, nous vous proposons d'atterrir en douceur dans le concret. Commençons par clarifier les tenants et les aboutissants : où allez-vous ? D'où partez-vous ?

↗ À vous de jouer

- Prenez votre Cahier Tendances, feuilletez-le. Repérez cinq images qui pourraient parler de vous dans cinq ans : dans votre vie professionnelle (au moins trois images), dans votre vie personnelle et, éventuellement, là où vous serez (géographiquement).
- Notez dans chaque bulle ce que cette image dit de vous dans cinq ans.

Pour que cet exercice soit éclairant pour vous, il faudrait que vous ayez rempli au moins une douzaine de pages dans votre Cahier Tendances.

Où allez-vous ?

Décrivez votre vie dans cinq ans. Les images que vous avez retenues, c'est un peu de votre vie dans cinq ans. Certaines parlent de relations, d'autres de gestes, d'autres encore d'environnement... Laissez-vous porter, laissez-les vous raconter votre avenir proche.

C'est un exercice que vous pouvez faire en plusieurs fois. Commencez par écrire sur une feuille blanche, laissez-vous porter par vos rêves, et même dormez dessus. Puis revenez-y, enrichissez votre histoire. Soyez aussi factuelle que possible. L'histoire que vous allez raconter doit vous combler et vous enthousiasmer.

↗ À vous de jouer

- Décrivez très concrètement ce que vous faites, racontez qui vous êtes, où vous êtes, avec qui...
- Pour vous aider, voici deux pistes :
  - visualisez à quoi ressemble votre vie, comme un reportage de téléréalité ;
  - imaginez un article de journal décrivant, *a posteriori*, ce que vous avez réalisé dans cette fonction, à ce poste, dans cette position...

Vous avez décidé de suivre cette étape ? Vous constaterez que c'est sans doute celle qui vous prendra le plus de temps. Comme le dit Abraham Maslow[39] :

« Il n'est pas évident de savoir ce que l'on veut. C'est un exploit psychologique rare et difficile. »

Voici ce que je ferai...

D'où partez-vous ?

Vous avez maintenant une idée plus précise de là où vous aimeriez être dans cinq ans. Vous avez des outils de navigation pour vérifier que vous tenez bien votre cap, plein Nord.

Dernière check-list avant de déterminer les destinations possibles : quelle est votre situation actuelle ? Pour vous aider à faire un rapide récapitulatif de vos atouts actuels, nous nous sommes inspirées du modèle Business Model You[40].

Vous avez rempli tous vos Post-it ? Prenez le temps de savourer votre plaisir. Oui, tout cela vous appartient : une base solide pour développer votre leadership tout en naviguant vers votre prochaine destination.

↗ À vous de jouer

Matériel : des Post-it de deux couleurs différentes.

- Prenez quatre Post-it de la même couleur. Sur chacun, reportez les résultats de vos précédentes explorations. Puis posez-les sur les emplacements indiqués ci-dessous.
- Prenez maintenant cinq Post-it d'une autre couleur. Sur chacun d'eux, listez ce qui vous est demandé : expériences, activités, centres d'intérêt, ...

Vous pouvez le faire en plusieurs fois, et donc utiliser d'autres Post-it.

Vos passions
Voir p. 58

Votre mission
Voir p. 118

Vos valeurs
Voir p. 105

Vos talents
Voir p. 85

Vos compétences

Savoirs et savoir-faire : ce que vous avez appris et ce que vous maîtrisez.

Vos centres d'intérêt

Tous les sujets qui vous attirent et vous passionnent, sur lesquels vous souhaitez en savoir toujours plus.

Valeur ajoutée

Quelle valeur apportez-vous à votre entreprise ? À vos clients ? De quelle façon participez-vous à leur développement ?

Vos expériences marquantes

Deux ou trois expériences que vous avez vécues intensément, et qui vous ont comblée.

Vos activités majeures

Les deux ou trois activités majeures que vous accomplissez régulièrement aujourd'hui dans votre travail.

Construisez votre Carte Itinéraires

Vous allez maintenant concrétiser votre projet, c'est-à-dire votre prochain objectif professionnel. Pour ce voyage, vous avez besoin d'une Carte Itinéraires. Sa particularité ? Comme sur l'océan, les routes ne sont pas tracées d'avance. À vous de les imaginer à partir des données que vous avez accumulées jusqu'ici dans ce Parcours.

Vous allez construire votre Carte Itinéraires en quatre temps :

1. **vous positionner :** où êtes-vous aujourd'hui ? Quels sont vos objectifs ? Quels seraient les différents moyens de les atteindre ?
2. **imaginer et choisir deux destinations :** il y a souvent plusieurs chemins pour atteindre un même objectif ;
3. **valider vos choix** de destinations à l'aide de votre Boussole ;
4. **tracer les chemins** qui vous permettront d'atteindre ces destinations.

Nous vous suggérons d'imaginer deux évolutions possibles : que ce soit dans une entreprise, ou sur un marché particulier, il y a souvent plus d'endroits où se réaliser que nous ne l'imaginons.

Temps 1 – Vous positionner

Vous êtes à la tête d'une TPE ou d'une PME ?

Développer votre leadership va-t-il vous servir à :

- augmenter le nombre de vos clients ?
- augmenter le chiffre d'affaires par client ?
- attaquer un nouveau secteur de marché ?
- prendre des responsabilités dans un organisme professionnel pour accroître votre visibilité ?

Préparez votre Carte Itinéraires. Page 137, inscrivez dans la colonne verticale de droite vos objectifs : nombre de clients ou chiffre d'affaires. Dans les cases de la ligne du haut, les moyens d'y parvenir : trouver un associé, acheter une expertise, vous déployer sur un nouveau secteur, gagner en visibilité, entre autres. Sur ce dernier point, nous vous y aiderons au cours des étapes 6 et 7.

Ma Carte Itinéraires

	Export	Embauche expert	Partenaire	
				1 000 K€
				500 K€
				300 K€
		Moi 20...		

Vous êtes salariée d'une entreprise ?

Votre entreprise offre probablement plusieurs possibilités d'évolution : où voulez-vous être dans cinq ans ? Quel secteur ? Quel service ? Vers quel niveau de responsabilité êtes-vous appelée ou souhaitez-vous vous orienter ? Savoir ce que vous voulez et pouvoir l'argumenter peut vous aider à bouger plus vite.

Préparez votre Carte Itinéraires. Commencez en vous situant dans votre organisation. Selon la configuration de l'entreprise, vous pourriez avoir besoin de plus de colonnes ou de lignes. Faites alors votre Carte Itinéraires sur une feuille blanche, en adoptant les mêmes principes de construction.

Vous souhaitez créer une entreprise ?

Quel que soit l'objet de votre entreprise... entrepreneur est un métier en soi. Du business plan au recrutement, les compétences à acquérir sont nombreuses. Nous vous recommandons de vous adresser à un réseau spécialisé d'entreprise.

Vous êtes travailleur indépendant ?

Consultante, artisane, artiste, journaliste... vous souhaitez développer votre business. Une plus grande assurance, une créativité libérée, autant d'atouts du leadership qui vont vous y aider.

Préparez votre Carte Itinéraires. Dans la colonne de droite, indiquez vos objectifs en chiffre d'affaires, nombre de clients, jours facturés...

Dans les cases de la ligne du haut, indiquez les moyens par lesquels vous pouvez y parvenir : participer à des événements, vous inscrire, et être active, dans un réseau professionnel, vous inscrire à un concours, augmenter votre visibilité (nous vous aiderons sur ce point dans les étapes 6 et 7).

Ma Carte Itinéraires

Publications	Salons	Réseau pro	
			135 j.
			120 j.
			90 j.
	Moi 20...		60 j.

Temps 2 – Choisir deux destinations

Retournez p. 132 et imprégnez-vous de vos atouts – d'où vous partez – et de vos rêves : où voulez-vous être dans cinq ans. C'est le moment de vous fixer un objectif **SMART** : **S**pécifique, **M**esurable, **A**cceptable, **R**éaliste et **T**emporellement défini. Ou, pourquoi pas : **S**urprenant, **M**otivant, **A**mbitieux, **R**éalisable et **T**entant.
Revenez maintenant à votre Carte Itinéraires pour la compléter.
Avant de regarder de plus près les chemins qui y mènent, commençons par valider vos choix avec votre Boussole.
Là encore, c'est un exercice. Au sens où les sportifs s'entraînent avant le match, les architectes font des esquisses avant de passer au plan.

Le fait de vous visualiser dans un nouveau positionnement renforcera votre croyance en votre capacité à faire quelque chose…
Que ce soit pour cet objectif-là, ou un autre auquel vous ne pensez pas encore, vous regarderez différemment ce qui bouge autour de vous pour vous glisser en temps voulu dans le mouvement avec naturel. Sans arrogance ni trop de modestie.

↗ À vous de jouer

- Indiquez les différentes informations demandées dans les deux colonnes à fond coloré. Selon votre positionnement, ces éléments peuvent être très différents.
- Indiquez ensuite deux destinations qui vous motivent fortement.

Ici, le nom des services, secteurs, éventuellement moyens, qui vous permettront d'avancer

Ici, votre situation, le secteur ou le service où vous vous trouvez aujourd'hui

Ici, vos objectifs : poste, CA, nombre de clients ou de jours facturés…

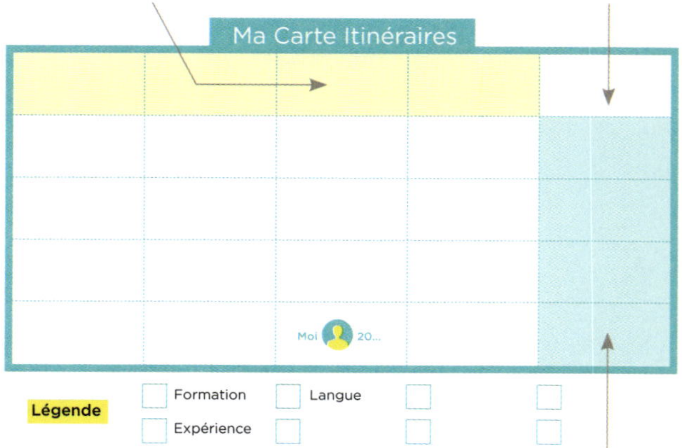

Vous compléterez les légendes après avoir validé vos choix et exploré les chemins qui y mènent, pages suivantes

Ici, votre situation actuelle : CA, nombre de clients ou de jours facturés…

Ma Carte Itinéraires

		Moi 20...		

Légende

- ☐ Formation
- ☐ Expérience
- ☐ Langue
- ☐
- ☐
- ☐
- ☐
- ☐

Téléchargez la Carte Itinéraires sur www.moileader.fr

Temps 3 – Valider les prochaines destinations

Utilisez votre Boussole pour vérifier que les destinations que vous avez choisies vous permettront de pleinement exprimer votre potentiel. Et donc d'y exercer, entre autres, votre leadership.

Soyez exigeante, mais pas irréaliste : il suffit que vos flèches se trouvent dans ou très proches de la zone d'équilibre. Elles n'ont pas besoin d'être toutes alignées à la verticale. D'autant que ces premières destinations sont peut-être de légers détours pour mieux atteindre un objectif à plus long terme.

> *« Ce que vous choisissez de faire doit vous passionner, sinon vous n'aurez pas la motivation nécessaire pour mener votre projet à terme.*
> **Steve Jobs**[41]

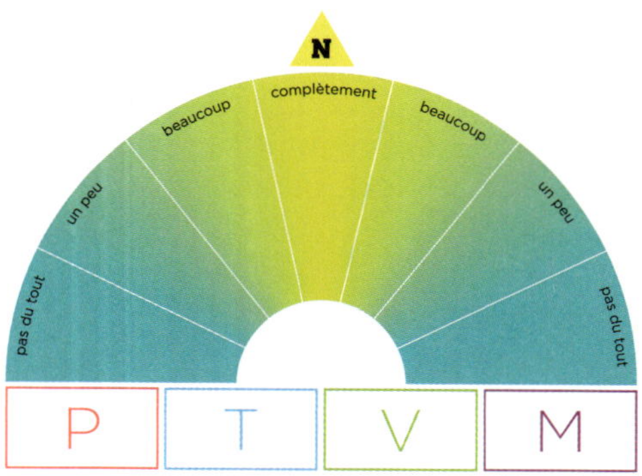

Votre destination 1

Ce que vous y ferez

Votre destination 2

Ce que vous y ferez

↗ À vous de jouer

- Décrivez en détail les destinations que vous avez choisies. Ce que vous y ferez, avec qui vous travaillerez, vos nouvelles marges de manœuvre… Bref, tout ce qui vous attire dans cette nouvelle position.
- Pour chaque destination, vérifiez avec votre Boussole qu'elle vous correspond bien :

- est-elle en phase avec votre Mission ?
- vos Valeurs y seront-elles respectées ?
- vos Talents pourront-ils s'y manifester pleinement ?
- vous restera-t-il du temps à consacrer à l'une de vos Passions ?

Si deux ou trois des indicateurs de votre Boussole ne dépassent pas le niveau « peu alignée », il faut sans doute revoir votre destination.

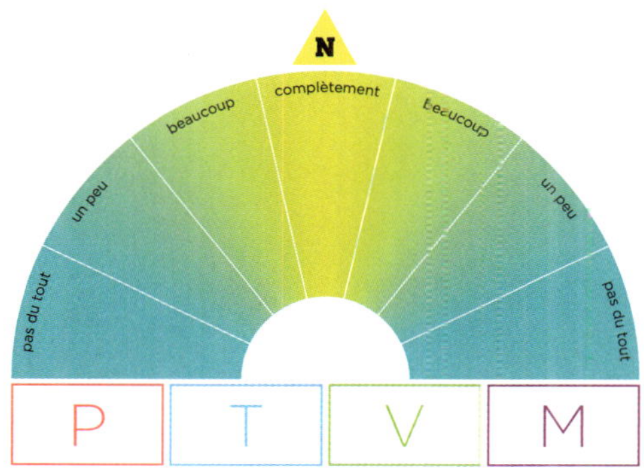

Temps 4 – Les atouts permettant d'atteindre ces destinations

Vous avez entre trois et cinq ans pour y parvenir. Vous n'avez pas encore toutes les compétences requises ? Qu'importe, vous êtes motivée pour les acquérir. Peut-être également avez-vous un projet personnel, comme faire un enfant. Ou une envie de délocalisation à l'étranger… Faites le point.

Différentes études montrent que, lorsqu'un poste se libère, la plupart des hommes intéressés se précipitent pour déposer leur candidature. Les femmes qui pourraient être légitimement candidates, à l'inverse, pensent généralement qu'elles n'ont pas encore tout à fait le niveau et qu'ils faudrait qu'elles… Bref, osez ! Si le poste vous motive, vous êtes plus sûrement à niveau que vous ne le pensez.

↗ À vous de jouer

- Pour chaque destination, inscrivez dans la case correspondante ce que vous souhaitez ajouter comme atout pour y parvenir, ou quel bagage supplémentaire pourrait vous être demandé.
- Prenez le temps de vous renseigner. Soyez lucide, mais pas plus exigeant que nécessaire.

Dans vos réflexions, n'oubliez pas de tenir compte de vos besoins, répertoriés dans votre Passeport Bien-Être, p. 126.

Que vous faut-il pour atteindre vos prochaines destinations ?

	Destination 1	Destination 2
Formations	Technique ou relationnelle, quel type de formation vous aiderait à atteindre plus vite votre but ?	
Expériences	Y a-t-il une expérience qui vous manque, que vous pourriez acquérir dans une position intermédiaire ?	
Langue	De plus en plus, l'anglais courant est exigé. Est-il temps de passer un Toefl ou un Toeic[45] ? À moins que des bases en chinois...	
Relations	Bien sûr, avoir des soutiens et un réseau est indispensable : ce sera l'objet de l'étape 7 !	
Projets personnels	Prenez en compte tous les aspects de votre vie. Un déménagement, un enfant, autant d'événements qui demandent qu'on leur laisse un peu de place dans nos itinéraires.	

Tracez vos chemins sur votre Carte Itinéraires

L'idée est de maintenir un cap plutôt que de chercher à atteindre une destination donnée – de réunir des nouvelles informations au fur et à mesure de votre progression.

« Et, sur la base de ces informations, de confirmer que vous êtes bien dans la bonne direction ou d'infléchir votre trajectoire », nous disent les auteurs de l'ouvrage *Business Model You*[40]. C'est ce que nous vous proposons de faire avec cet exercice de projection.

Photocopiez la Carte Itinéraires pour réaliser plusieurs essais. Lorsque vous serez au clair avec les chemins qui mènent à vos destinations, complétez votre Carte Itinéraires p. 137.

La carte de Rémy complétée

Rémy, consultant depuis trois ans, voudrait doubler son chiffre d'affaires d'ici cinq ans. Pour se donner toutes les chances d'atteindre cet objectif, il a découvert qu'il lui faudrait se former à la prise de parole en public, développer son expérience réseau et améliorer son anglais à l'oral et à l'écrit. Il pourra viser encore plus haut s'il prend le temps d'écrire et de publier.

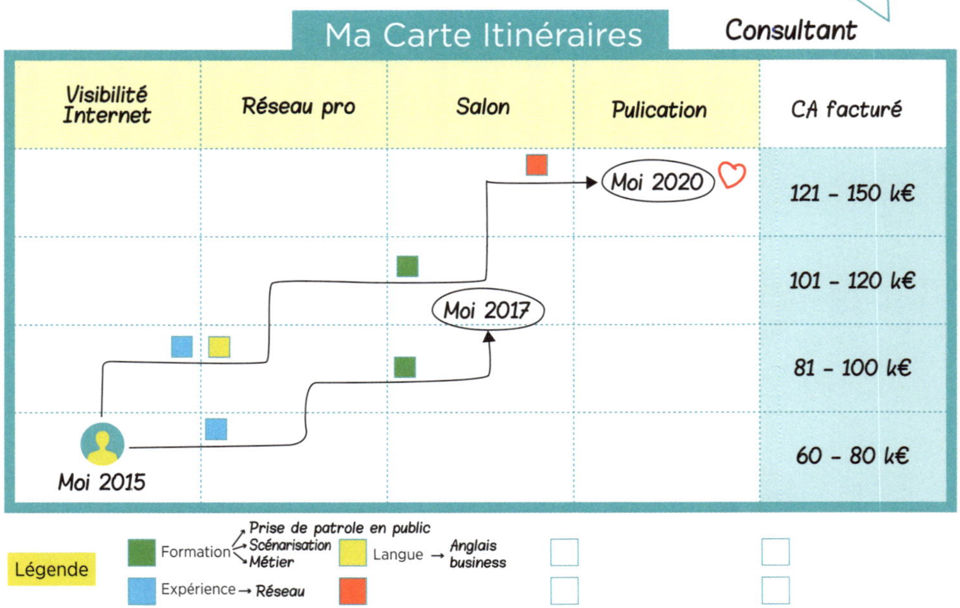

↗ À vous de jouer

- Vous allez tracer sur votre Carte Itinéraires, p. 137, les différentes étapes qui vous conduiront aux deux destinations que vous avez choisies.
- Si vous avez noté un besoin ou un projet tels qu'une formation ou un déménagement, indiquez-le dans votre Carte Itinéraires sous forme de petits pictogrammes : vous pouvez reproduire ceux du tableau de la p. 141, ou inventer les vôtres.
- Tracez maintenant vos deux chemins, en indiquant l'année estimée de chaque étape intermédiaire.

Feutres de couleur, petits dessins ou pictogrammes, rendez-la aussi attractive que possible à vos yeux.

En avançant dans la direction de l'une ou l'autre de ces destinations, de nouveaux paysages, de nouvelles opportunités, de nouvelles rencontres vous inciteront peut-être à faire bouger votre destination. L'essentiel est de garder le cap vers votre Nord.

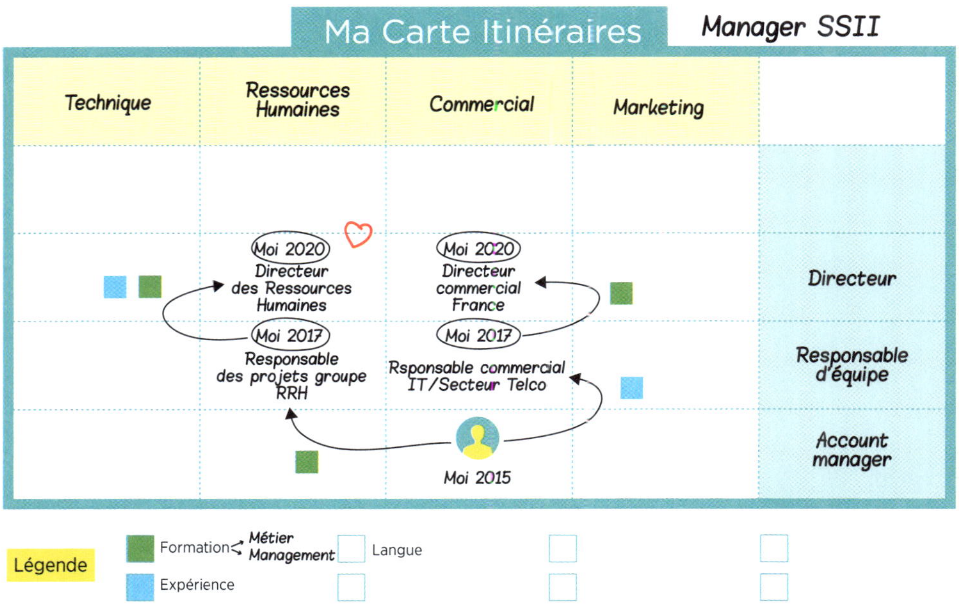

La carte de Constance complétée

Constance, manager SSII, a déterminé deux destinations qui lui conviendraient : directrice des ressources humaines, ou directrice commerciale France. Pour le premier poste, elle sait qu'elle devra faire une formation spécialisée en management. Pour le second, il lui manque une expérience terrain. Elle les a donc intégrés dans son parcours.

Premiers pas vers de nouvelles destinations

Avant même d'en parler à votre entourage privé ou professionnel, il y a plusieurs choses que vous pouvez faire pour vous préparer à avancer, notamment mieux maîtriser une langue ou un logiciel, être plus pointue sur un marché ou un secteur, vous renseigner de façon plus approfondie sur un métier.

« Attendre d'en savoir assez pour agir en toute lumière, c'est se condamner à l'inaction.
Jean Rostand[43]

Autant d'actions que vous pouvez planifier sur deux ou trois ans. Prenez tranquillement votre temps : les belles réussites sont toujours précédées d'une préparation soignée.
Listez dans le désordre tout ce que vous devez faire ou mettre en place pour vous orienter vers votre nouvelle destination.

Ma to-do list

- ☐
- ☐
- ☐
- ☐
- ☐
- ☐
- ☐
- ☐
- ☐
- ☐
- ☐

Action !

- Choisissez dans votre to-do list la première action que vous pouvez mener pour démarrer votre voyage vers votre destination.
- Pour vos premiers pas dans cette direction, choisissez quelque chose de simple, qui ne vous mette pas en état de stress.
- Quel est le premier petit pas que vous pouvez faire dans cette direction ? Notez-le ici, puis inscrivez-le dans votre agenda.
- Quelles seront les étapes suivantes ?

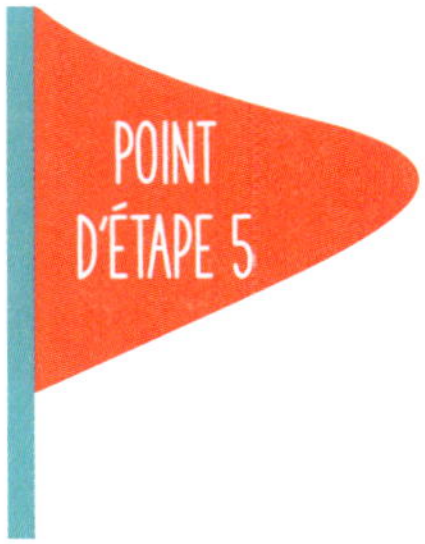

Imaginer mes prochaines destinations

Les points clés

- Il n'y a pas qu'un seul chemin qui permette de remplir sa mission et de rester cap au Nord.
- Prendre le temps de vérifier avec sa Boussole que ses choix sont pertinents. Il faut être aligné pour s'épanouir professionnellement et se donner des occasions d'exercer son leadership.
- Choisir sa prochaine destination en tenant compte de tous les domaines de sa vie est essentiel pour un voyage au long cours.

Les exercices et expériences

- Vous avez imaginé les deux prochaines destinations possibles qui vous donneraient l'occasion d'évoluer dans votre travail.
- Vous avez vérifié avec votre Boussole que ces deux destinations vous permettent de rester alignée.
- Vous avez réalisé votre Carte Itinéraires.
- Vous avez listé l'ensemble des actions que vous auriez à mener pour entreprendre ce voyage. Vous avez noté dans votre agenda le premier pas de la première action.
- Vous vous êtes entraînée à vous projeter dans l'avenir.
- Votre Cahier Tendances continue à s'enrichir ? Vous allez en avoir besoin à la prochaine étape.
- Est-ce que vos Pages du matin vous ont aidé à choisir votre destination ? Vous ont-elles aidé à dissiper quelques craintes, à oser quelques rêves ? Ce n'est pas le moment d'arrêter. Mais peut-être êtes-vous déjà convaincue de leur nécessité et de leur efficacité ?

Baromètre Attitude Leader

Examinez chaque barre, constatez ce qui a pu évoluer au cours de cette étape : imaginer de façon concrète votre avenir a probablement musclé votre confiance en vous. Faites bouger les curseurs, sans oublier de dater vos nouvelles positions.

En route pour la sixième étape !

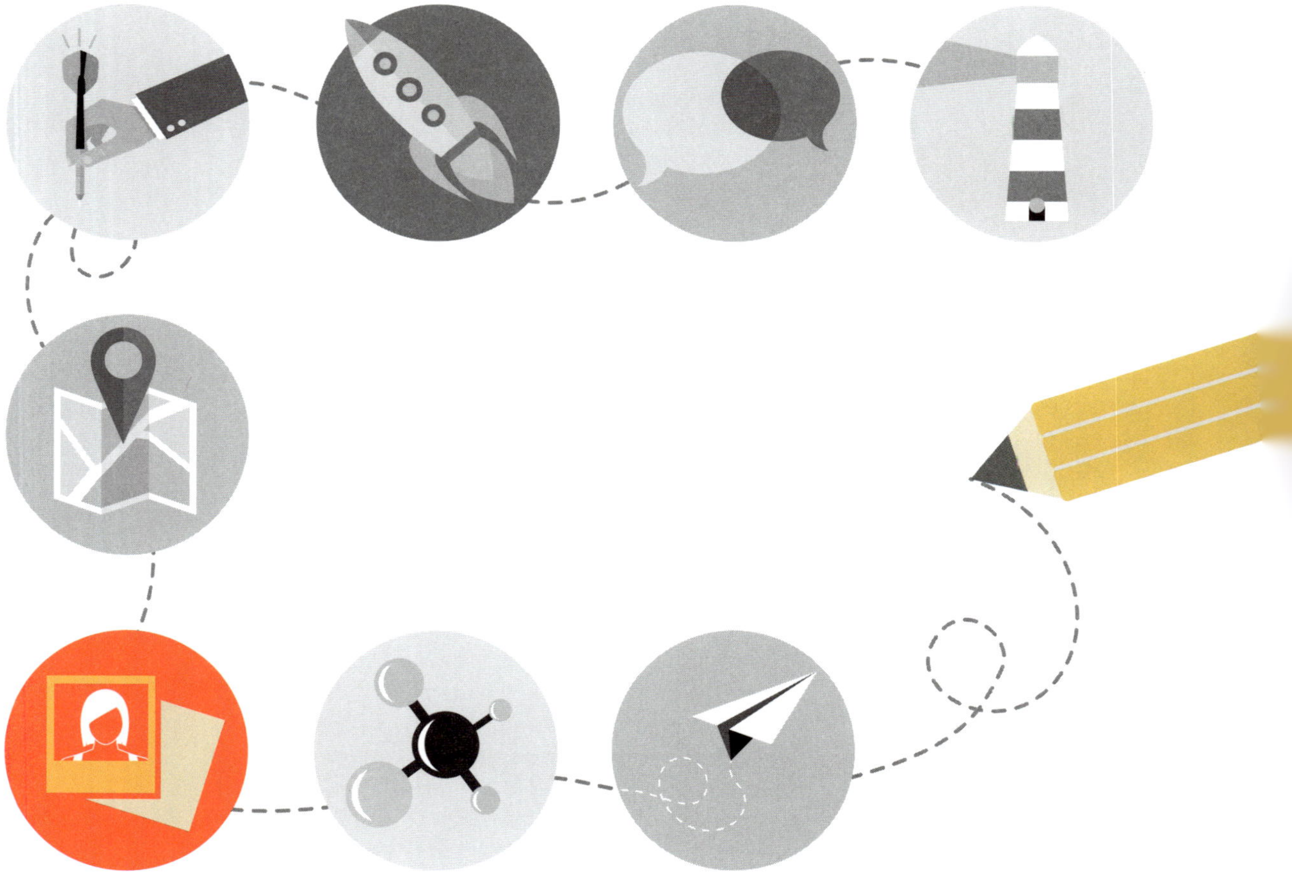

ÉTAPE 6

Me rendre plus visible

Les personnes qui ont confiance en elles se remarquent, sans avoir besoin de jouer sur la corde de la provocation, ou même faire preuve d'exhibitionnisme. Simplement parce qu'elles jouent avec naturel de leurs atouts.
C'est ce que nous vous proposons dans cette étape. Pas de recettes miracle, juste comment être au plus près de vous lorsque vous racontez votre Parcours professionnel ou lorsque vous souhaitez susciter l'intérêt pour une idée ou un projet. C'est un mélange entre l'art du conteur et le slogan publicitaire.
Les mots ne suffisent pas : si le corps n'est pas en accord, ils ne seront pas entendus. Un alignement facile à travailler par petites touches. Le corps, c'est une présence, à soi, à l'autre. Ce sont aussi les couleurs qui l'habillent : jouez avec la gamme de couleurs qui amplifie votre rayonnement.

Racontez-vous efficacement

Les leaders sont visibles, inspirants, et on leur demande souvent de raconter leur parcours professionnel. Ne récitez pas votre CV, faites-en une histoire et racontez-la ! Vous aurez ainsi plus de chances d'entrer en connivence et en résonance avec vos interlocuteurs. Mais avant de la rédiger, nous allons vous poser deux questions : que trouve-t-on dans votre malle à trésors ? Qu'est-ce qui pourrait intéresser vos interlocuteurs ?

Les bons ingrédients

Il était une fois... tout le monde aime écouter des histoires. Et particulièrement des histoires vraies. Qu'en est-il pour vous ? Avez-vous trouvé intéressant de pouvoir lire des témoignages dans les étapes précédentes ? De découvrir les histoires de personnes qui sont déjà passées par là ? Même si vous avez encore peu d'expérience professionnelle, vous avez une histoire à raconter. Vos équipes, vos collègues, vos clients, vos prospects, sont tous potentiellement intéressés par votre histoire. Et puis il y a ceux que vous aimeriez voir s'intéresser à votre parcours professionnel.

Découvrir les ingrédients dont vous disposez

À ce stade, il ne s'agit pas de rédiger, mais de collecter les différents éléments marquants de votre histoire. *A priori*, ils seront majoritairement d'ordre professionnel. Mais c'est parfois une rencontre, un voyage, un déménagement qui peuvent initier un tournant ou un nouvel apprentissage.

↗ À vous de jouer

- Votre malle à trésors comporte plusieurs casiers. À vous d'y consigner vos trésors avec un peu d'ordre : on ne mélange pas tout !
- Pour vous aider dans cette collecte, vous trouverez dans les pages suivantes, quel peut être le contenu de chaque casier de votre malle à trésors.
- Pour le moment, écrivez-les sous forme de listes. Listez sans trier, vous hiérarchiserez plus tard.

Pour vous aider à raconter votre histoire, nous allons procéder comme pour la confection d'un gâteau, avec comme objectif : éveiller l'appétit et la gourmandise, puis la curiosité sur les secrets de fabrication. Commençons par découvrir les ingrédients dont vous disposez.

Votre Malle à Trésors

Vos expériences marquantes

Le fil conducteur

Vos plus belles réussites

Les grands tournants

Vos apprentissages

Votre formation

Tout ce que vous pouvez trouver dans votre malle à trésors

La tentation est grande : plus vite vous finirez ce Parcours, plus vite vous serez un leader aligné. Mais ça ne fonctionne pas comme ça : nous avons besoin de temps pour faire évoluer nos modes de fonctionnement. Alors, prenez votre temps, ce qui veut dire en pratique : faites cette exploration en plusieurs fois.

Le bénéfice est certain pour vous :

- Des éléments majeurs peuvent vous revenir en mémoire.
- Vous vous approprierez ainsi davantage votre histoire.

Ces expériences ont pu se produire dans n'importe quel domaine de votre vie ; elles ont en commun d'avoir eu un impact constructif sur votre travail ou sur la vision que vous en avez.

Je me souviens d'une jeune femme qui postulait pour un poste dans une institution européenne : elle avait mentionné son excellente maîtrise de l'anglais et de l'allemand, elle avait juste oublié de mentionner qu'elle parlait grec couramment : c'était sa langue maternelle.

Dans votre Malle à Trésors, il y a…

Vos expériences marquantes

Vous avez dû remplacer quelqu'un au pied levé… On vous a envoyé en mission à… Vous avez pu approcher quelqu'un que vous admiriez… Vous avez suivi une formation ou lu un livre qui… Autant d'expériences qui vous ont amenée à réfléchir sur votre métier, à le faire évoluer, et qui font ce que vous êtes aujourd'hui…

Le fil conducteur

En réalisant cette collecte d'informations, vous verrez peut-être apparaître votre moteur, le même quelle que soit la situation : la passion (ou la peur de vous ennuyer), le relationnel multiculturel, la créativité, le voyage…

Vos plus belles réussites

En général, elles sont chiffrées : nombre de clients gagnés, objectifs dépassés, taux de retour sur une campagne… et pourquoi pas, augmentation bien négociée. Mais pas seulement : « vendre » un projet en interne, résoudre un conflit, gagner un concours ou un appel d'offres sont aussi des réussites notoires.

Les grands tournants

Les parcours professionnels sont rarement linéaires. Parce qu'avec les nouvelles technologies les métiers évoluent rapidement, parce que la crise… et également, parce que nous sommes plus à l'écoute de nos aspirations. Alors, y a-t-il eu déjà un tournant dans votre vie professionnelle ?

C'est peut-être lorsque vous avez pris le risque de changer de voie. Ou lorsque vous avez accepté de suivre votre partenaire à l'étranger. Ou encore lorsque vous avez été licenciée : cela a pu vous donner l'occasion de repenser votre carrière.

Vos apprentissages

Il s'agit de ce que vous avez appris depuis que vous travaillez, soit grâce à une formation, soit sur le terrain. Par exemple : la logistique liée à la conception d'un projet, l'animation d'un brainstorming, la prise de parole en public, l'écoute active…

Votre formation

Pour cette case, les infos sont dans votre CV. Retenez les trois points essentiels (expertise, poste à l'étranger, client fidèle du CAC 40…) et insistez sur les cocktails insolites : licence de philo et mastère en économie, ingénieur informatique et conservatoire piano, biologie et chinois…

Que veulent-ils savoir ?

L'histoire a beau être la même, nous ne la racontons pas de façon identique à tous nos interlocuteurs. Deux facteurs importants entrent en jeu : ce qu'ils savent déjà, ou pas, de nous, et nos objectifs.

Une histoire sur mesure

Ces trois personnages ont pour mission de vous montrer qu'une histoire se raconte différemment selon les circonstances : ce sont les mêmes éléments, mais amenés, ou amplifiés, de façon différente et ajustée. Deux cas peuvent se présenter :

- vous ne saviez pas que l'on vous demanderait de raconter votre histoire. Raison de plus pour bien la préparer aujourd'hui, vous serez sûre d'en maîtriser l'essentiel ;
- vous répondez à une demande de rendez-vous, ou vous l'avez sollicité : vous savez donc que vous allez raconter votre histoire. Dans ce cas, vous pourrez encore mieux en ajuster le récit en faisant une carte d'intention : « Qu'est-ce que je veux qu'il ou elle retienne ? Qu'est-ce que je veux qu'il ou elle ressente ? etc. »

Pamela vous connaît et veut en savoir plus. Tout dépend de ce qu'elle sait déjà de vous. Mais elle pourrait être particulièrement intéressée par ce qui donnerait du sens à ce qu'elle sait déjà : votre fil conducteur. À illustrer par vos expériences marquantes et vos grands tournants, s'il y a lieu.

Dans votre contexte actuel, ça pourrait être qui ? Notez son nom et sa fonction.

____

____

____

Vous trouverez cet outil expliqué en détail dans votre Boîte à Outils p. 177.

Madame P. ne vous connaît pas, mais vous l'intéressez. Elle a entendu parler de vous, probablement grâce à l'une de vos réussites. Elle veut donc comprendre ce qui a permis cela. Et voudra savoir d'où vous êtes partie – votre formation –, vos apprentissages et vos expériences marquantes, éclairés par votre fil conducteur.

Dans votre contexte actuel, ça pourrait être qui ? Votre DRH ? Le patron d'une autre *business unit* ? L'homologue de votre N + 1 dans un autre pays ? Notez son nom et sa fonction.

Monsieur B. ne vous connaît pas, mais vous voulez l'intéresser. Commencez par vos dernières réussites, reliées entre elles par votre fil conducteur. Puis étayées par vos expériences et vos apprentissages. Et, comme nous sommes en France, il est parfois important de mentionner sa formation de base, même si le diplôme remonte à plus de vingt ans !

Dans votre contexte actuel, ça pourrait être qui ? Un investisseur ? Un partenaire potentiel ? Un spécialiste de haut niveau ? Notez son nom et sa fonction.

Un autre cas de figure ? Prenez le temps de réfléchir à ce qui peut l'intéresser.

M.

Des trucs de pro...

La page blanche vous fait peur ? Voici quelques trucs que nous ont confiés des professionnels de l'écriture. Et que nous transmettons régulièrement à nos clients...

Jouez avec vos sens

Nous avons presque tous un ou deux sens dominants : ceux auxquels nous faisons le plus facilement (et souvent inconsciemment) appel pour percevoir le monde extérieur. Ils se manifestent lorsque nous nous exprimons : certains ponctueront leurs phrases de « tu vois », d'autres de « t'entends »... D'autres encore, en racontant leur histoire, vous transmettront des sensations, des images, ou des sons.

Vous raconterez d'autant plus efficacement votre histoire que vous serez naturelle. Cela veut dire, entre autres, que vous vous appuierez sur vos sens dominants : la vue ? l'ouïe ? le toucher ? l'odorat ? le goût ?

Sans oublier d'ajouter une dose de l'un ou de l'autre des sens qui vous sont moins familiers, pour être sûre de vous faire entendre par ceux qui ne partagent pas les mêmes canaux de perception dominants que vous.

Faites du cinéma

Vous voulez qu'ils se souviennent de votre histoire ? Qu'elle les marque ? Voici les trois conseils de Cédric Vimeux[44] : « soyez visuel, injectez de l'émotion, inspirez vos [interlocuteurs] ».

Autrement dit, imaginez que vous écrivez un scénario : donnez-leur à voir des images, qui vont s'incruster dans leur tête, et susciter une émotion, sans pour autant la nommer. Plutôt que... « J'ai tout de suite aimé l'ambiance de cette agence. », préférez : « Dans l'entrée, il y avait un canapé orange, des magazines et des petites madeleines sur une table basse. Une ou deux personnes m'ont souri en passant. J'ai entendu un rire au loin. Et j'ai aperçu des rangées de livres dans un bureau... mais était-ce un bureau, cette pièce sans porte ? »

Oui, cela rallonge un peu le texte... Choisissez donc dans votre histoire les moments clés que vous souhaitez ancrer dans leur mémoire.

Vous ne savez pas quel est votre sens dominant ? Nous vous proposons une petite expérience pour le découvrir, dans votre Passeport Bien-Être, p. 127.

Entraînez-vous

Si la perspective de raconter votre histoire vous stresse, prenez le temps de vous entraîner. Cela peut prendre trois formes :

- entre vous et vous. Devant un miroir, c'est le plus simple. Mais parfois source de fous rires. Autres possibilités : vous enregistrer ou vous filmer avec votre smartphone ;
- devant un(e) ami(e) ou votre petit groupe. Autour d'un café ou d'un bon plat, invitez-les à vous écouter avec bienveillance et à vous proposer des options d'amélioration, s'il y a lieu ;
- dans une troupe. Cours de théâtre, d'improvisation ou de clown : n'hésitez pas, si cela vous tente ; vous y découvrirez rapidement votre façon unique de transmettre informations et émotions. Et vous gagnerez très vite en assurance.

Écouter avec bienveillance, c'est pratiquer l'avocat de l'ange. Une technique à découvrir dans votre Boîte à Outils, p. 179.

> *Pour me sentir plus à l'aise, j'ai suivi un cours d'improvisation. Je croyais que cela consistait à raconter n'importe quoi. En fait, le prof a commencé par nous faire trouver la bonne posture, celle où notre corps est à son meilleur équilibre de détente. Après, il nous a donné quelques trucs pour ne pas bloquer… Cela m'a beaucoup rassuré. J'avais l'impression qu'on me donnait une bouée avant de me jeter à l'eau.*
>
> Paul C.

Prenez votre plus belle plume…

Maintenant, vous êtes prête pour écrire une première version de votre histoire. Vous disposez de tous les ingrédients, vous pouvez identifier les besoins ou les centres d'intérêt de vos interlocuteurs, et vous avez peut-être adopté quelques trucs de pro.
Encore un peu d'appréhension devant la page blanche ? Vous allez voir, c'est facile, surtout si vous choisissez une situation très concrète : pour qui l'écrivez-vous ? Dans quelles circonstances allez-vous la raconter ? Pour cette première approche, choisissez la situation qui vous semble la plus simple.

Il était une fois…

Voici mon histoire

Faites votre pitch

Convaincre ou du moins exciter la curiosité et donner envie d'en savoir plus en très peu de temps, voilà à quoi sert le pitch. Il s'adapte à toutes sortes de projets. S'il est séduit, votre interlocuteur vous demandera de développer votre projet, puis de raconter votre histoire.

L'*elevator pitch*

La petite histoire hollywoodienne dit que le pitch sert à vendre un projet de film à un producteur en une seule phrase. La version pitch de *Cyrano de Bergerac* pourrait être : un homme plein de panache mais complexé par une tare physique essaie de séduire une femme par bellâtre interposé.
Les Anglo-Saxons parlent aussi d'*elevator pitch* : vous disposez du temps qui sépare le rez-de-chaussée de l'étage de la direction pour convaincre votre interlocuteur que... Vous avez gagné si, lorsque la porte s'ouvre, il vous dit quelque chose qui ressemblerait à : « ok, appelez-moi et parlons-en... »

« *On ne fait jamais deux fois le même pitch à la même personne. L'essentiel est d'avoir l'ossature du discours et d'adapter les réalisations les plus pertinentes selon son auditoire.*

Nicolas Thébault[45]

Pitch mode d'emploi

- Les deux premières questions auxquelles vous devez répondre précisément sont : **Quoi ? À qui ?** Autrement dit, vous voulez « vendre » quelle idée/quel projet, à quelle personne ? Vient ensuite le pourquoi, ou pour quoi ? Là, avec la Carte d'intention p. 177, vous allez définir exactement ce que vous souhaitez obtenir.
- Vous allez maintenant choisir les messages factuels que vous voulez faire passer : qui vous êtes, ce que vous proposez, en quoi c'est unique et différent de ce qu'il ou elle a entendu jusqu'à présent.
- Pour le style, écoutez Nesma Houhou[46] lorsqu'elle prône **clarté, concision, cohérence, crédibilité**. Comme une histoire, votre pitch doit être structuré, avec un début, un milieu et une fin.
- Ce n'est pas une brève de l'AFP, faites passer de l'émotion, donnez de la vie à votre pitch. Évidemment, ce n'est pas le moment de faire de longues digressions métaphoriques. Malgré tout, donnez quelque chose à « voir », à ressentir. Ne serait-ce que votre engagement ?

Quel serait le bénéfice pour votre interlocuteur ? Auquel de ses besoins répondez-vous ?

Célèbres et « pitchés »

- *Hamlet* (pièce de théâtre) : un jeune prince se demande s'il a raison de vouloir venger son père.
- *La vie de Galilée* (pièce de théâtre) : un scientifique affronte l'intolérance et l'obscurantisme de son époque pour faire valoir ses théories révolutionnaires.
- *Quartier lointain* (BD) : un homme de 48 ans transporté dans la peau de l'adolescent qu'il était à 14 ans fait tout pour empêcher son père de quitter sa famille.
- *Le pigeon* (film italien) : un groupe de paumés maladroits organise un cambriolage.

Source : Wikipédia

Exercez-vous en écrivant ici votre premier pitch

Un pitch, ça se travaille : en général, plus c'est court, plus ça prend du temps à écrire. Ne vous découragez pas s'il ne sort pas tout cuit de votre chapeau.

En guise d'entraînement, nous vous invitons à faire deux pitchs. Pour le premier, transformez votre biographie (l'histoire que vous avez racontée p. 157) en pitch : vous aurez ainsi une bio express, fort utile lorsque vous disposez de peu de temps pour vous présenter.

Pour le second, choisissez une situation réelle ou fictive : par exemple, un client non encore qualifié. Le pitch devra donc parler de votre offre et de votre légitimité à faire cette offre.

Dans les deux cas, n'oubliez pas de :

- faire votre carte d'intention : voir p. 177, dans votre Boîte à Outils ;
- remplir la fiche technique ci-contre ;
- rédiger votre pitch.

En général, j'adapte mon discours à la situation, à mon interlocuteur. Cela pourrait être quelque chose de très direct. En voici un exemple.
Avez-vous remarqué que beaucoup de femmes ont peur dans l'entreprise ? Je propose un Parcours en huit étapes pour passer de la peur à l'ambition fertile. Oui, seulement huit étapes… Je m'appelle Nathalie R., voici ma carte de visite…

Nathalie R.

↗ La fiche technique

- À qui je m'adresse ?

______

- Pour lui proposer quoi ?

______

- Les éléments indispensables du pitch :

– Mon nom

______

– Mon domaine d'activité, éventuellement mon métier

______

– Ce que je propose ou ce que je veux obtenir

______

______

– En quoi je suis légitime (avec des références chiffrées, si possible)

______

______

– Ma différence, mon « plus »

______

– Mon fil conducteur (p. 149)

______

______

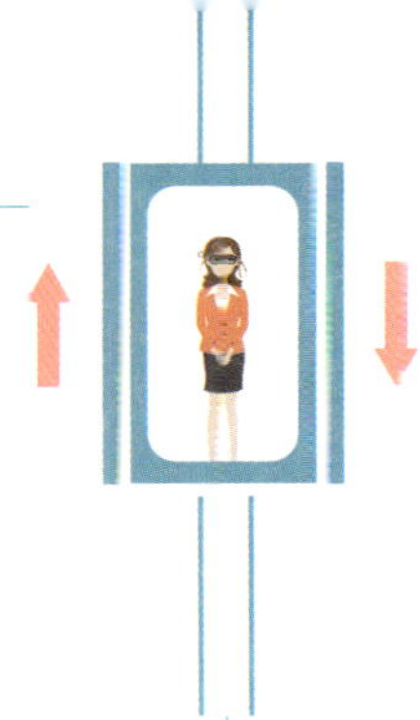

Mon pitch

↗ À vous de jouer

- Rédigez votre pitch à partir des éléments de la fiche technique. Faites plusieurs essais sur une feuille de brouillon. Sur un traitement de texte, cela correspond à environ 300 à 500 signes.
- Écoutez-vous, entre vous et vous, après l'avoir enregistré sur un smartphone.
- Testez-le devant deux ou trois personnes.
- N'hésitez pas à le retravailler jusqu'à ce qu'il vous ressemble assez pour que vous vous sentiez très à l'aise avec, au point de pouvoir le faire évoluer en live, selon vos interlocuteurs.

Vous devez gérer chaque jour les paradoxes. Créer du nouveau ou conserver l'ancien ? Oser ou assurer ? Faire vite ou prendre le temps ? Grâce à mon expertise en créativité et innovation, combinée à 25 ans d'expertise en entreprise à haut niveau, je vous propose de concocter avec vous le « cocktail de réussite » pour ce qui vous préoccupe. Et naturellement je vous assisterai dans sa mise en œuvre sur le terrain !

Le pitch de Pierre C.

Votre corps parle pour vous…

Pitch ou histoire, lorsque vous les direz, c'est tout votre corps qui sera également porteur de votre message. Pas question de vous dicter une attitude-type, nous voulons juste décrypter avec vous les quelques éléments qui comptent, en s'inspirant du travail des chanteurs lyriques.

Gagner en assurance

Jamais nous ne vous suggérerons d'adopter une posture « idéale » et référencée. Plus vous serez naturelle, mieux vous serez entendue.
Naturelle et détendue, en confiance. Cela se travaille, même si le résultat sera différent pour chacune : notre personnalité se révèle aussi dans nos gestes et les mouvements de notre corps.
Pour gagner en assurance, il faut commencer par le bas du corps, c'est-à-dire les pieds. Bien ancrés dans le sol. Imaginez que vous êtes un roseau et que les racines s'enfoncent dans la terre. Pas de balancement d'un pied sur l'autre, mais de la souplesse, vos genoux ne sont pas bloqués.

Respirer avec le ventre

Puis il s'agit de respirer avec le ventre. Aussitôt votre diaphragme se remet en mouvement, vos épaules se relâchent, votre poitrine s'ouvre et votre parole est plus claire, votre sourire plus spontané.
Vous avez oublié comment faire (oui, quand vous étiez bébé, vous respiriez avec le ventre) ? Entraînez-vous chez vous : allongée par terre, une main sur le ventre, une autre sur le haut de la poitrine. Inspirez doucement pour faire gonfler votre ventre. Au début, vous forcerez un peu, puis au bout d'une dizaine de fois cela devrait devenir plus naturel. À ce moment-là, vous pourrez vous exercer à une respiration plus large : gonfler le ventre, puis soulever les côtes. Dans cet ordre.

Les informations que nous donnons passent par…[50]

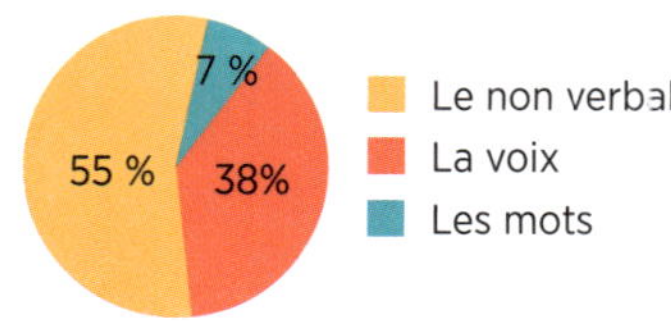

Des trucs en plus

- Établissez par moments un contact visuel : les yeux dans les yeux.
- Articulez bien votre nom lorsque vous vous présentez. Il sera alors possible de vous « googliser » par la suite.
- Par nature, ou sous l'effet du stress, nous parlons vite. Ralentissez, laissez le temps aux mots de s'imprimer dans l'esprit de votre interlocuteur, surtout si celui-ci s'avère être un visuel.
- Vous savez que vous allez avoir l'occasion de dérouler votre pitch ou raconter votre histoire ? Peu avant, faites une page en vrac comme vous l'avez vu dans la Trousse Anti-Stress, p. 62.

1 Donnez-vous de l'assurance en plantant bien vos pieds dans le sol : sentez-le sous vos semelles, sous les deux pieds. Laissez vos genoux très souples.

2 Même si vous disposez de peu de temps, avant de parler, faites une ou deux respirations, à partir du ventre. Si vous ne savez pas comment faire, entraînez-vous à la maison. Avoir pratiqué quelques exercices de la Trousse Anti-Stress p. 63 vous y aidera.

3 Vous êtes détendue plutôt que sur la défensive, et cela se voit dans l'ouverture des épaules, dans le mouvement des bras ou des mains. Pas de gestes à calculer d'avance : si vous êtes dans l'accueil et l'engagement, votre corps va l'exprimer naturellement.

4 Vous êtes vraiment contente d'avoir l'opportunité de vous raconter. Montrez-le : un sourire. Pas un sourire affiché, un vrai, qui se voit dans les yeux. Sourire avec les yeux peut suffire.

C'est le moment d'explorer votre Trousse Anti-Stress, p. 62

À vos couleurs !

Les couleurs sont porteuses d'énergie. Et comme nous sommes tous différents, notre façon de réagir aux couleurs est également différente d'une personne à l'autre. Quelles sont les couleurs qui vous dynamisent, vous rassurent, vous inspirent et vous mettent en valeur ?

Apprécier les couleurs

Beaucoup d'éléments interfèrent dans notre appréciation des couleurs. Des influences changeantes externes comme la mode ou les tendances déco. D'autres plus stables, comme les interprétations culturelles : le blanc des robes de mariées chez nous, des tenues de deuil au Japon. D'autres encore vont se focaliser sur la symbolique des couleurs, pourtant toute relative : le rouge peut être signe de vitalité pour certains, de colère ou de passion pour d'autres.

Et il y a les couleurs qui nous vont. Les couleurs dont nous aimons nous entourer quelle que soit la tendance en cours, ou celles qui mettent notre teint en valeur. Ce ne sont pas obligatoirement les mêmes.

> « *À force de se voir rajouter de nouvelles couches de symboles, les couleurs ont fini par perdre un peu de leur force. [...] En Occident, nos six couleurs de base [bleu, rouge, blanc, vert, jaune, noir] seront rigoureusement les mêmes dans les prochaines décennies. Des changements affecteront peut-être les nuances, mais pas notre système de symboles. [...] Regardons les couleurs en connaisseur, mais sachons aussi les vivre avec spontanéité et une certaine innocence.*
>
> **Michel Pastoureau**
> historien des couleurs, in *Le petit livre des couleurs*

↗ Palette, mode d'emploi

- Crayons de couleur ou feutres, assurez-vous de disposer d'un large choix de nuances. Vous pouvez également vous servir d'un nuancier de peintre dont vous découperez et collerez des échantillons.
- Choisissez quatre couleurs :
  - celle qui vous stimule, qui vous communique son énergie, qui vous donne envie de créer, de jouer, de bouger ;
  - la couleur que vous aimez regarder dans votre maison : en grandes taches (coussins, tapis) ou sur un mur, elle est sûrement déjà présente chez vous ;
  - la couleur qui vous calme, dans la nature ou chez vous, cette couleur vous invite à la détente, au *carpe diem* ;
  - la couleur que vous adorez, vous ne la porteriez peut-être pas sur vous, mais en ce moment, vous craquez pour elle. Elle vous amuse, vous invite au pas de côté. Ah ! Si vous osiez...

  Pas de grande réflexion, laissez jouer votre spontanéité : ce qui est de l'ordre du ressenti n'a pas besoin de se justifier par de longs raisonnements.
- Posez vos couleurs dans chaque emplacement légendé. Nous vous aiderons à découvrir les trois dernières couleurs de votre palette page suivante.

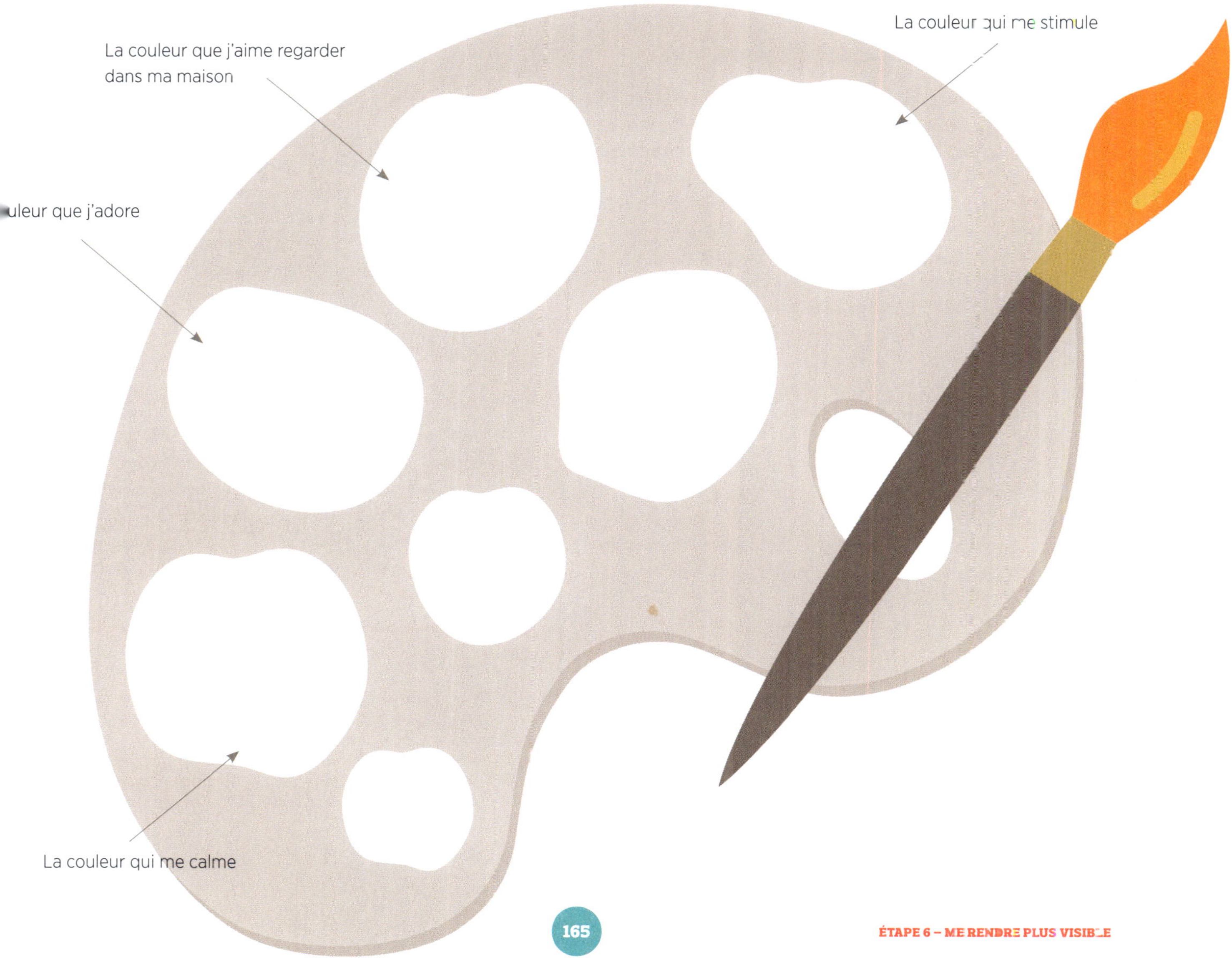
La couleur qui me stimule
La couleur que j'aime regarder dans ma maison
uleur que j'adore
La couleur qui me calme

Les couleurs qui vous donnent bonne mine

Vous l'avez sûrement déjà expérimenté, il y a des couleurs qui vous flattent, d'autres qui vous éteignent. Connaître sa gamme de couleurs est donc un atout « rayonnement ». La recherche des couleurs qui vous vont bien est l'une des étapes importantes et amusantes du développement de sa marque personnelle, cette approche marketing de soi-même encore appelée « Personal Branding »[48].

Pour vous faire découvrir votre gamme, les conseillers en image vous invitent à une séance un peu particulière. Première consigne : pas de fond de teint, ils veulent voir votre carnation à nu. Une fois sur place, ils cachent vos cheveux : il n'y a vraiment que la couleur de votre peau qui les intéresse. Alors, ils mettent près de votre visage des carrés de tissu de couleurs variées et vous invitent à vous regarder dans un miroir. Il est étonnant de découvrir qu'à un instant *t*, une couleur peut donner un teint cadavérique, une autre un sentiment de pleine forme.

Certains spécialistes ont ainsi structuré cette approche, en créant quatre gammes de couleur : printemps, été, automne, hiver...

Les obsédés de l'organisation vous inciteront à préparer vos vêtements la veille. Or la veille, que savez-vous de votre humeur du lendemain ? Au réveil, laissez-vous séduire par une couleur, puis composez votre tenue en fonction. Il ne s'agit pas de faire du « color block » : une paire de chaussures, une ceinture de la couleur du jour peuvent suffire pour élaborer votre assemblage vestimentaire. Prenez-le comme un jeu...

Je croyais moyennement à cette histoire de couleurs qui vont bien. Jusqu'au jour où j'ai accompagné mon ami Jean chez une spécialiste de la question. Incroyable ! Avec du vert foncé, il avait l'air de sortir de l'hôpital, avec du bordeaux, on l'aurait pris pour un empereur dans toute sa gloire. Du coup, j'ai tenté l'expérience.

Yasmina P.

« *À chaque saison correspond une gamme de couleurs. Pour vous souvenir des couleurs qui vous vont, pensez aux couleurs que l'on voit dans la nature pendant la saison qui vous correspond (avec notre bon vieux climat européen bien sûr, si vous vivez en Australie, tout de suite ça marche moins). Par exemple rouge et orangé pour l'automne, bleu très froid pour l'hiver, vert anis pour le printemps, turquoise pour l'été...* »

Chloé, *sur son site Color-Mania*

↗ Shopping couleurs

Avec votre meilleure amie, ou une personne de votre petit groupe, allez passer deux heures dans un grand magasin, ou un centre commercial.

Essayez autant de tenues que possible (et aussi longtemps que cela vous amuse), en variant les couleurs, les formes et les textures. Osez tester les teintes que vous ne portez jamais, parce que vous n'êtes pas sûre de vous. Retenez les trois tenues/vêtements qui vous mettent le plus en valeur, et celles dans lesquelles vous êtes vraiment à l'aise.

Faites-vous prendre en photo... et collez-les ici.

Quelles sont les trois couleurs dominantes qui vous vont bien ? Allez les mettre dans votre palette page précédente.

Plus de couleurs dans votre quotidien…

Il suffit quelquefois de peu pour changer une ambiance, redonner du dynamisme, faire naître un sourire, gagner en confiance en soi… Les couleurs, même en petites touches, ont ce pouvoir-là.

« Les couleurs, les couleurs… Passons aux choses sérieuses. » Ainsi parle peut-être l'un de vos « petits moi ». Celui qui croit qu'on ne progresse et travaille que dans le sérieux et l'effort. Alors que, plus vous approcherez de votre Nord personnel, plus vous mettrez du ludique jusque dans votre activité professionnelle.

Ne vous privez pas du pouvoir d'influence des couleurs. Chez vous, sur vous, dans votre lieu de travail, elles contribueront à votre bien-être et nourriront votre confiance en vous.

On essaie ? Passez aux travaux pratiques…

Les leaders portent-ils vraiment des couleurs particulières ?

Non, il n'y a pas de couleurs qui « font » leaders. Il y a simplement des personnes qui osent leur différence et ce n'est pas réservé aux leaders. Le noir est peut-être très tendance, mais si cela leur donne triste mine, spontanément, ils l'évitent.

En fait, si nous n'avons pas perdu l'habitude d'être au plus près de nos ressentis, nous savons beaucoup de choses sur nos réels besoins, sur ce qui nous fait du bien. C'est cette intimité avec nous-mêmes qui renforce notre assertivité : nous sommes moins dépendants du regard des autres.

> « *Je mets dans mes peintures toutes les choses que j'aime. Aussi, le pire pour ces choses c'est qu'elles doivent aller ensemble.* »
>
> **Picasso**

↗ Votre top trois

- Regardez votre palette p. 165, sélectionnez les trois couleurs que vous préférez, quel qu'en soit l'usage.
- Utilisez-les pour colorer les trois taches ci-contre.
- Pour chaque coloris sélectionné, trouvez trois idées pour en mettre plus autour de vous, dans votre environnement professionnel comme personnel.
- Choisissez-en une, puis réalisez-la.
- Comment vous sentez-vous ?

Cet exercice est à explorer dans vos Pages du matin.

Idées coups d'éclat pour soi, pour la maison, pour le bureau

Des classeurs - Une écharpe - Des coussins - Un fond d'écran - Une affiche - Un stylo - Un pot à crayons - Un vase - Des rideaux - Un protège smartphone - Une ceinture - Des boucles d'oreille - Un cartable - Des chemises en carton - Des Post-it - Un rouge à lèvres - Une pochette - Des sets de table - Une photo...

Collez ici une photo d'une de vos réalisations « couleur »

Le bureau qui vous va

Il suffit parfois d'un objet pour modifier l'ambiance d'un bureau, et réveiller de nouvelles dynamiques. Si vous avez un peu de latitude, n'hésitez pas à y mettre quelques touches personnelles...

Vous êtes indépendante, ou en libéral ? Votre marge de manœuvre est importante. Votre plus gros frein sera probablement votre budget.
Vous êtes salariée ? D'une entreprise à l'autre, la politique « décoration de bureau » peut être très différente. Du rien-ne-dépasse au tout-personnalisable, de l'*open space* au bureau fermé...
Quelle que soit votre situation, glissez quelques touches personnelles dans votre environnement. Pour vous d'abord. Un matériau ou une couleur que vous aimez, et qui font le lien avec vos passions, vos valeurs, vos proches nourrissent votre créativité, en stimulant votre cerveau droit. Ils vous donnent aussi un sentiment de confort affectif : vous n'êtes pas tout à fait en terre étrangère.
Ensuite, pour ceux qui viennent vous voir. Avec plusieurs bénéfices : vous ancrer dans leur mémoire, faciliter un échange, ou démontrer que vous pouvez vous affirmer tranquillement.

> « *Je ne veux pas être le produit de mon environnement, je veux que mon environnement soit mon produit à moi.*
> **Martin Scorcese**[49]

Inspection des lieux

S'il vous est possible de personnaliser un peu votre bureau (le meuble ou l'espace), prenez quelques instants pour l'observer, comme si vous y entriez pour la première fois. Sur votre bureau, sur les murs ou sur l'écran, que pourriez-vous changer ? Améliorer ? Ajouter ?
Il suffit peut-être d'une couleur ou d'un objet qui évoque l'une de vos passions ou tout simplement un morceau de nature : un bois flotté, un galet ou une fleur.

Ce qui ne vous correspond pas

C'est peut-être le moment d'importer votre Cahier Tendances dans votre bureau. Discrètement coincé entre deux dossiers, il sera pour vous, au choix, une source d'inspiration, un moment de détente, un objet de délestage du stress.

Ce que vous souhaitez mettre en place

Action !

- Par où allez-vous commencer ? Que pouvez-vous faire dès aujourd'hui ?

… dans la semaine ?

… dans le mois ?

Choisissez le décor

Un certain nombre de rendez-vous professionnels se passent hors de notre bureau : déjeuner de travail, ou petit déjeuner événement... Choisissez les lieux qui vous correspondent, tout en vous rapprochant au mieux de vos objectifs. Une exploration en deux temps : rêver puis décider.

1. Les endroits qui vous inspirent

Paysages, villes, monuments, que ce soit en France ou à l'étranger. La couleur, les matériaux, l'ambiance, ce que cela évoque. Pour cette partie de l'exercice, ne suivez que votre bon plaisir, sans arrière-pensée.

↗ À vous de jouer

- Faites une liste.

- Collez dans les cinq cadres ci-contre des photos de lieux inspirants, différents de ceux de votre liste.

2. Des lieux de rendez-vous qui vous correspondent

À partir des points communs relevés dans l'exercice précédent, faites la liste des lieux (restaurants, bars de grands hôtels...) dans lesquels vous pouvez retrouver ces ambiances et parler affaire.

• Établissez maintenant votre liste.

____

____

____

• Collez ensuite la photo d'un des lieux choisis

• Notez les points communs entre tous ces éléments inspirants.

____

____

____

____

Mon Affiche Visibilité

Mes couleurs

Ma biographie express

Ma carte de visite

Moi, dans ma
tenue préférée

Un coin de mon bureau
qui me ressemble

Un restaurant
où je me sens bien

POINT D'ÉTAPE 6

Me rendre visible

Les points clés

- Autant soigner le récit de son Parcours professionnel, il peut en inspirer d'autres ou susciter l'intérêt de personnes que l'on souhaite convaincre.
- Le pitch permet de résumer votre projet en 1 minute. Un outil efficace pour éveiller la curiosité de ses interlocuteurs.
- Pitch et histoire n'auront aucun impact s'ils sont simplement récités. Pour avoir un impact, ils doivent être habités.
- Toutes les couleurs ne vont pas à tout le monde : c'est une question de nuance de carnation et de préférence. Les modes ne sont pas toujours bonnes à suivre.

Les exercices et expériences

- Vous avez sélectionné les points clés de votre histoire et vous en avez rédigé une première version.
- Vous avez assimilé les règles du jeu du pitch et vous vous êtes exercée sur un premier projet.
- Vous avez fait un shopping couleurs pour déterminer celles qui vous mettent en valeur.
- Par quelques touches, vous avez mis votre environnement personnel et professionnel un peu plus à vos couleurs.
- Retournez p. 20 pour voir les trois qualités de leader que vous aviez envie de développer. Aujourd'hui, où en êtes-vous ? Peut-être un sujet pour vos Pages du Matin.

Baromètre Attitude Leader

Allez regarder votre Baromètre. Examinez chaque barre, constatez ce qui a pu évoluer au cours de cette étape. Faites bouger les curseurs, sans oublier de dater les nouvelles positions.

En route pour la septième étape !

Votre Boîte à Outils

Le premier pas

Nous l'appelons aussi le PPPPPPP (le 7 P) : le **P**remier **P**lus **P**etit **P**as **P**ossible **P**rogrammable **P**rochainement. Il s'agit de transformer un rêve, ou un projet en réalité. Il est inspiré de la démarche japonaise Kaizen[50], démarche d'amélioration continue qui s'appuie sur des petites actions d'amélioration à mener au quotidien.

En fait, cela va se passer ainsi : pour le moment, votre projet, ou votre rêve, est comme un nuage qui passe et repasse régulièrement dans votre tête, sans attache qui le relie à votre quotidien.

Il s'agit maintenant de faire savoir à votre cerveau que vous voulez vraiment le réaliser. Alors vous allez mettre en place un 7 P, c'est-à-dire quelque chose de très petit, mais de très concret. De nos jours, cela consiste très souvent en une recherche sur Internet : y a-t-il un cours de tango près de chez moi ? Combien coûte l'aller-retour pour Mexico ? Où consulter la liste des livres existant sur la littérature persane ou les excursions en kayak de mer, ou autre.

Même si votre projet ne se réalisera que dans deux ans (certains projets demandent un plan de financement), vous saurez combien il vous faut épargner et vous pouvez commencer à le faire dès demain.

Bénéfices associés ? Votre cerveau a reçu le message, il va se charger de repérer des voies possibles pour atteindre votre objectif : tout à coup, vous allez être réceptif à des tas d'informations que vous ne perceviez pas avant...

Buts modestes, grande réalisation

« Le problème que pose l'amygdale [notre cerveau mammalien], avec sa réponse "fuir ou combattre", c'est qu'elle déclenche le signal d'alarme chaque fois que nous faisons un écart dans notre routine rassurante. [...] Plus nous savons le défi important, plus nous avons peur et craignons de décevoir les autres et, avant tout, nous-mêmes. Plus moyen de se concentrer, de trouver en nous des directives claires et le courage d'avancer... On pourrait schématiser ainsi ces comportements :

- *But important → peur → accès au cortex diminué → échec*
- *But modeste → peur évacuée → cortex impliqué → succès.*

Professeur Robert Maurer, *in Un petit pas peut changer votre vie*

Cet outil vous a été proposé à chaque étape dans « Action ! »

« Même un voyage de mille kilomètres commence par un premier pas. **Lao-Tseu**

La carte d'intention

Cette carte heuristique[51] va vous aider à faire émerger et mettre des mots sur ce que vous désirez atteindre, obtenir, provoquer, selon les circonstances.

Sur les ramifications, inscrivez ce qui émerge comme réponses, une par sous-branche.

Prenez le temps de l'enrichir. Lorsque vous aurez clarifié vos intentions, vous vous sentirez plus confiant et déterminé. Vous gagnerez en efficacité, aussi bien dans l'élaboration d'un projet que lors d'un rendez-vous ou lors de l'animation d'une réunion.

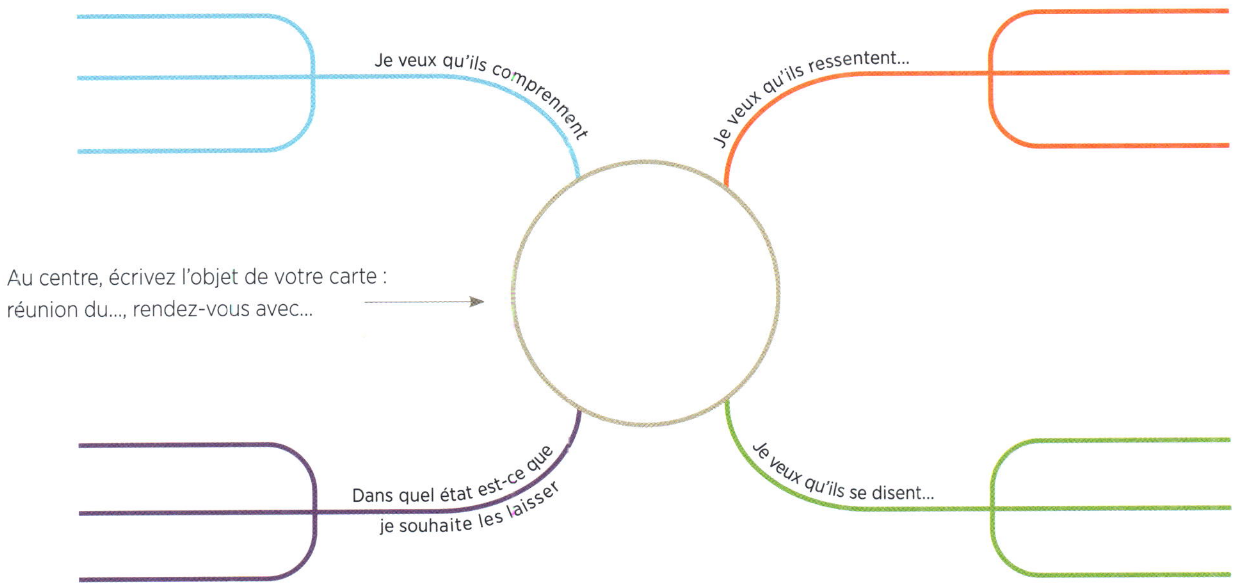

Vous en aurez besoin plusieurs fois : faites-en des photocopies.

Téléchargez la carte sur www.moileader.fr

Cet outil vous a été proposé p. 152, 158, 160

Votre Boîte à Outils

Du temps pour soi

« Elles sont sympas les auteures de ce livre, devez-vous vous dire, mais je n'aurai jamais le temps de faire tout ça ! » Vos semaines sont déjà archi-pleines ? Pourtant… Faisons ensemble un petit calcul, afin de voir si vous pouvez trouver un peu de place dans votre agenda pour ce Parcours qui vous motive.

Dans une semaine, week-end inclus, combien d'heures passez-vous à :

• dormir	h
• travailler (pauses déjeuner incluses)	h
• entre votre lever et votre départ au travail	h
• en trajets maison/travail	h
TOTAL	h
Il vous reste donc	h
(168 heures – votre total)	

Sur ce total, qui se situe en général entre 50 et 60 heures, vous est-il vraiment impossible d'en garder 2 pour cultiver votre leadership ? Que vous pourrez découper en tranches…

Pratiquez la time box

Comme l'explique si bien Stephen Covey dans son ouvrage *Priorités aux priorités*, les choses les plus importantes pour nous sont souvent dans la case « pas urgent ». Il est donc essentiel, pour nourrir ses projets, de créer des « boîtes de temps » à usage personnel dans son agenda : de 30 minutes à 2 heures, ces temps-là vous appartiennent.

L'avantage ? Vous êtes sûre de vous accorder ce dont vous avez besoin. Et si, au dernier moment, quelque chose vient bousculer votre agenda, il y a un élément à déplacer, votre fameuse *time box*. Si vous attendez d'avoir le temps, croyez-nous, vous ne l'aurez jamais.

Cet outil vous a été proposé p. 184, 193

L'avocat de l'ange

Cette technique, très utilisée en créativité, permet d'avoir des échanges constructifs et « co-élaboratifs ».

Lorsqu'une personne fait une proposition, émet une idée, il est très fréquent d'entendre juste après « Oui, mais... ». Bref, l'avocat du diable (très français) vient de s'exprimer, avec pour conséquence, une baisse d'énergie et de motivation : « Pas la peine que je donne mes idées si c'est pour être critiquée. »

Nous vous proposons plutôt d'inviter dans vos discussions l'avocat de l'ange. Ce n'est pas un benêt, ni M. Oui-Oui : s'il apprécie tout ou partie de l'idée, il a peut-être des suggestions à faire pour l'enrichir ou des craintes à partager. Alors il le fait de façon constructive, en trois temps :

- Il reformule l'idée, il vérifie qu'il l'a bien comprise, n'en a oublié aucun des aspects.
- Il enchaîne en disant : « Ce que j'aime dans ton idée, c'est... » Vous n'êtes pas obligé d'adhérer à l'ensemble, mais si, et seulement si, une partie de l'idée vous inspire, dites-le et expliquez pourquoi.
- Il enrichit l'idée, soit avec une suggestion « et en plus on pourrait... », soit avec une question « et qu'est-ce que nous pourrions faire pour... », ou « comment penses-tu... ». L'autre n'a pas obligatoirement la réponse tout de suite, mais cela lui offre une piste pour compléter son idée, la rendre réalisable.

Cette technique vient en complément du jeu des « je », p. 40. Autrement dit, on remplace ici le « oui, mais... » par un « oui, et... ». C'est une technique que vous pouvez également appliquer à vous-même lorsque l'un de vos « petits moi » joue l'avocat du diable.

Cet outil vous a été proposé p. 155

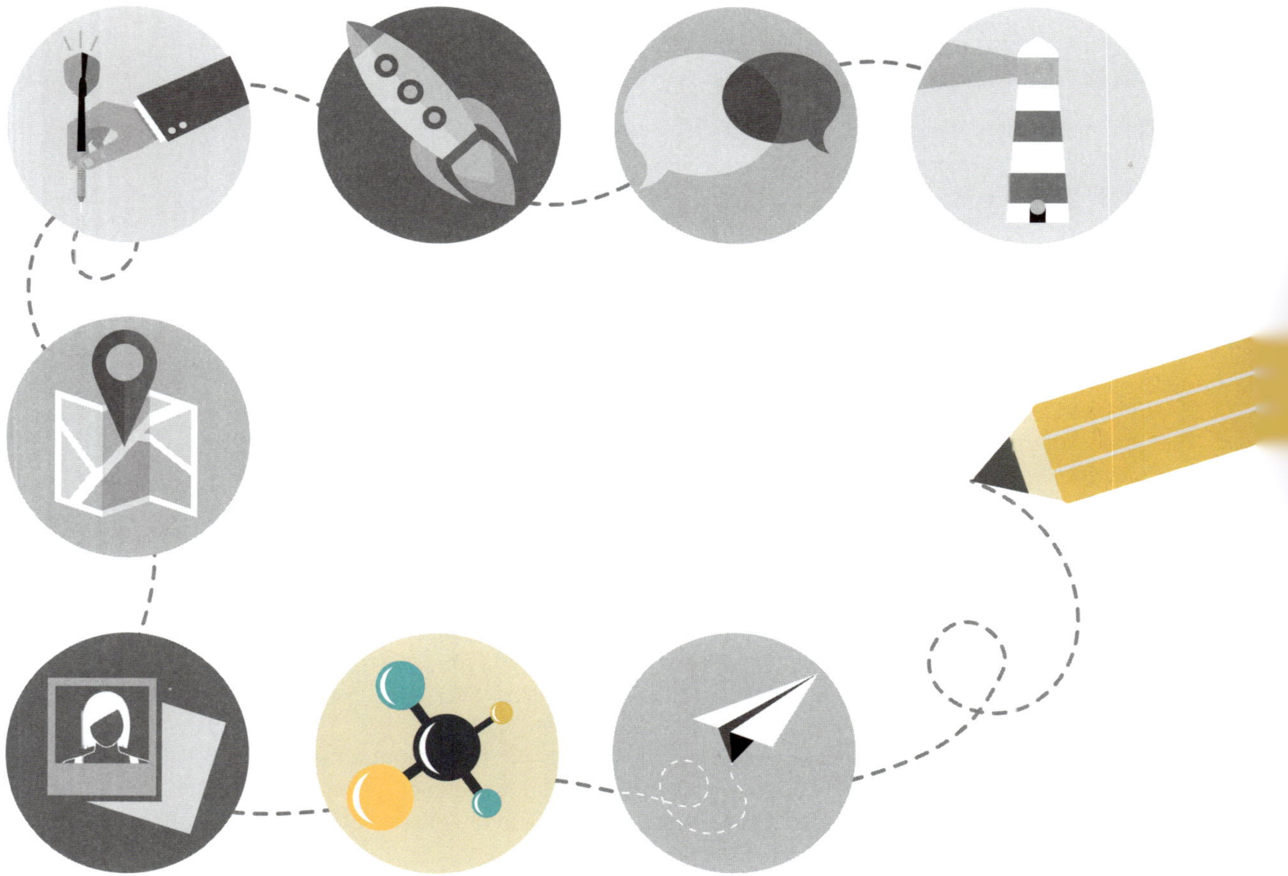

ÉTAPE 7

Cultiver mon réseau

Nous vous avons aidé à développer un peu plus votre visibilité et par là même votre assertivité. Il est temps maintenant de vous exposer : les leaders ne sont pas des ermites. Ils possèdent l'art de cultiver un réseau. Non seulement ils attirent facilement l'attention et les énergies, mais ils savent aussi prendre soin de leurs relations.

Nous vous invitons à élargir votre réseau, aussi bien interne qu'externe si vous êtes dans une entreprise : les effets boomerang peuvent être très fertiles.

Nous vous donnerons des idées pour alimenter votre réseau, qui tiennent compte à la fois de votre tempérament, de vos talents et de vos éventuelles résistances.

À cette étape, notre objectif n'est pas de vous aider à trouver un travail grâce à votre réseau, mais plutôt de vous aider à cerner ses contours et de vous encourager à y exercer l'expression de votre leadership, à vous exposer en douceur, auprès de personnes *a priori* bienveillantes.

Réseauter, c'est obligé ?

Entretenir, cultiver un réseau, certaines personnes le font naturellement, sans s'en rendre compte. Pour d'autres, c'est le mot qui fait peur ou qui ennuie. Pourtant, chacun peut trouver sa façon de réseauter selon son tempérament ou ses talents.

Pourquoi réseauter ?

Selon votre situation ou votre tempérament, l'une de ces trois raisons pourrait vous convaincre :

- **Vous entraîner à exprimer votre leadership.** C'est parfois plus facile de commencer à oser se rendre visible hors du contexte de son travail, dans un réseau métiers, ou un réseau de professionnelles, par exemple.
- **Amplifier la résonance des idées et des projets que vous portez.** Sur ce point, certaines pourraient réagir en disant : « Mais je ne vais pas donner des conférences ! » Il n'y a là rien d'obligatoire : à l'heure où la diffusion des informations se fait par capillarité, de personne à personne, il suffit de poser l'information au bon endroit pour qu'elle soit reprise et diffusée par d'autres que vous. Nous vous donnerons des pistes plus loin.
- **Trouver du soutien pour vos projets professionnels.** Le premier lieu où il est important de cultiver son réseau, c'est auprès de ses relations de travail ; dans son entreprise pour les salariées, avec vos partenaires, fournisseurs, clients de longue date, si vous êtes dans une PME ou une indépendante.

Il y a réseau et réseau

Il existe toutes sortes de réseaux avec toutes sortes d'objectifs. Nous voulons évoquer ici deux types de réseaux qui vous permettront d'exercer votre leadership.

Les réseaux relationnels. Vous connaissez les personnes qui en font partie au point de pouvoir les recommander, et réciproquement. Vous n'avez peut-être pas échangé depuis longtemps, mais vous êtes sûre d'eux. Ici, il n'est pas question, *via* un réseau Internet, de collectionner des contacts de personnes que vous n'avez jamais rencontrées d'une façon ou d'une autre.

Les réseaux de partage. Vous souhaitez partager une passion, une expertise… Le premier cercle de votre réseau est composé de personnes que vous connaissez, celles à qui vous avez envoyé le lien de votre blog par exemple. Ensuite d'autres personnes viendront s'agréger à ce réseau : elles vous auront découverte soit grâce à votre premier cercle, soit par un moteur de recherche. Elles deviendront des « followers » qui contribueront à votre notoriété en relayant à leur tour les informations que vous partagez.

Comment réseauter si vous êtes introvertie ?

Cultiver son réseau n'est pas réservé à ceux qui sont capables de récolter dix cartes de visite en trente minutes dans un événement réseau, tandis que d'autres, pendant les mêmes trente minutes, errent d'un buffet à l'autre, en se demandant ce qu'elles font là.

Il y a deux raisons à cela. Tout d'abord, dès notre plus jeune âge s'est installé un mode de rapport au monde qui diffère d'une personne à l'autre : il y a les extravertis et les introvertis.

Le modèle dominant, ce qui nous est proposé comme la norme dans le monde des relations sociales, c'est l'extraversion. Il est vrai que les extravertis sont les plus nombreux (70 % environ). Mais il reste les 30 % dont vous faites peut-être partie. Bonne nouvelle : vous découvrirez dans le tableau d'exploration, dans les pages suivantes, des actions qui n'impliquent pas de s'immerger dans un groupe d'inconnus. Pour un extraverti, l'audace sera de décrocher son téléphone pour convaincre un professeur inconnu de l'accepter en master 2, comme l'a fait Julien. Pour un introverti, l'audace consistera à oser croire qu'il a quelque chose d'intéressant à partager sur le sujet qui le passionne, et donc de publier un blog, comme l'a fait Noémie.

Seconde raison : l'expression de son leadership s'appuie fortement sur ses talents. Regardez votre Carte Talents sous un jour nouveau : comment vos talents peuvent-ils vous aider à diffuser ce que vous portez ?

Vous avez déjà une forte activité réseau ? Parfait. Veillez juste à ne pas vous disperser. Concentrez-vous sur ce qui est important pour vous : quelle cause ou quel projet avez-vous envie de défendre ? L'efficacité dépend plus de la justesse de ses actions que de leur nombre.

Vous en êtes encore au tout début, avec quelques appréhensions ? Prenez votre temps. Choisissez bien dans le tableau d'exploration, page suivante, l'action qui vous convient le mieux, celle qui vous donnera du plaisir ! Sur quel sujet pouvez-vous être meneur ? Avez-vous envie à la fois de partager et d'être enrichie ? Rejoignez un groupe ou créez-le !

> « *Les leaders n'ont pas de trait en commun, sauf ceux-ci : le refus constructif du statu quo, une énergie et un optimisme qui leur permettent d'offrir une plateforme d'actions aux gens qui ont envie de travailler dans leur sens, de les suivre. Le leader n'est jamais seul, il a besoin d'une tribu, car vous ne serez pas un leader tout seul, vous avez besoin d'une tribu.*
>
> **Marylène Delbourg-Delphis**, in *Tribus de Seth Godin*[52]

Introvertie ou extravertie ? Des pistes à explorer dans votre Passeport Bien-Être, p. 127

Des actions réseau qui vous ressemblent

Ici aussi, il est question de motivation : plus vos actions réseau seront en accord avec ce que vous êtes, plus vous aurez plaisir à les mettre en place et à les poursuivre. Vous pourrez vous aider de votre Boussole pour établir votre plan de communication.

- **Partagez avec passion** sur les sujets qui vous passionnent. Pour certaines, leur leadership est fondé sur leur expertise qu'elles partagent avec enthousiasme.
- Réseauter prend du temps : **faites des choix drastiques**. Vos critères ? En fonction de votre tempérament et de vos talents bien sûr. Tenez compte également de votre fil conducteur et de votre mission p. 149 et 132.
- Parce que cela prend du temps, **inscrivez des *time box* dans votre agenda**.
- **La régularité est un atout majeur** : une heure par semaine, découpée en autant de tranches que vous le souhaitez, paraît le minimum.
- **Ni prédateurs, ni missionnaires** : le réseau est un lieu d'échanges. Vous donnez et vous recevez. Veillez à garder un bon équilibre.
- Comme pour le choix d'une destination professionnelle, vous pouvez **vérifier à l'aide de votre Boussole,** p. 123, que vous êtes dans la bonne direction.

Conseils au leader cultivateur de réseau

Vous trouverez beaucoup de livres sur le marché pour vous détailler tous les secrets d'un bon réseautage. Nous préférons plutôt vous rappeler tout ce que vous avez déjà découvert au cours de votre Parcours et qui s'applique parfaitement à la culture de votre réseau.

↗ À vous de jouer

1. Prenez le temps de découvrir si vous êtes plutôt extravertie ou plutôt introvertie à l'aide des indicateurs que nous vous donnons dans votre Passeport Bien-Être, p. 127. Soulignez le résultat.
2. Avec un feutre jaune ou bleu, selon la couleur du résultat trouvé en 1, coloriez les cases qui correspondent à des modes relationnels qui vous conviennent dans la colonne des « Comment ? » (cases blanches).
3. Après avoir inscrit vos Talents, regardez dans quelles actions relationnelles ou de partage ils pourraient se concrétiser. Tracez des liens entre talents et actions.

Pour vous aider, vous trouverez, dans les pages suivantes, les cartes réalisées par Lilah et Julian.

Découvrez l'art de la time box dans votre Boîte à Outils, p. 178

↗ Ce que vous pouvez faire

2

Quoi ?	Comment ?		Actions
Faire des nouvelles rencontres	à 2 ou 3		→ avec quelqu'un → par mise en contact – directe – sur Internet
	dans un groupe		→ réseau interne et/ou externe → association → événements → formations et ateliers → communautés Internet
Entretenir des relations	à 2 ou 3		→ autour d'un café → d'un déjeuner
	dans un groupe		→ réseau → associations → salons professionnels → communautés Internet
Partager	la veille les expériences les expertises	oral	→ conférences → animations → mises en relation
		écrit	→ blog → newsletter → Scoopit* → communautés Internet → mises en relation

1 Moi

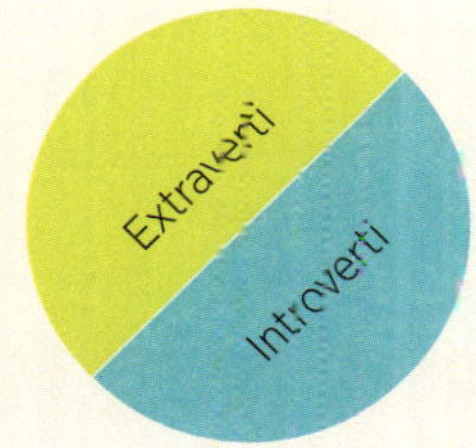

Vous ne savez pas si vous êtes plutôt introvertie ou extravertie ? Allez voir dans votre Passeport Bien-Être, vous y trouverez des indicateurs.

3 Vos cinq talents

Ils ont trouvé les actions réseau qui leur vont

Regardez bien les cartes de Lilah et Julian. L'une est plutôt extravertie : elle a favorisé les actions de groupe. D'autant qu'un de ses sens dominants est l'oral : alors elle raconte. L'autre, Julian, plutôt introverti, a opté pour l'écrit et les face-à-face. Dans les deux cas, ils ont misé sur leurs préférences. Ce qui ne les empêchera pas de développer quelques compétences pour enrichir leurs actions.

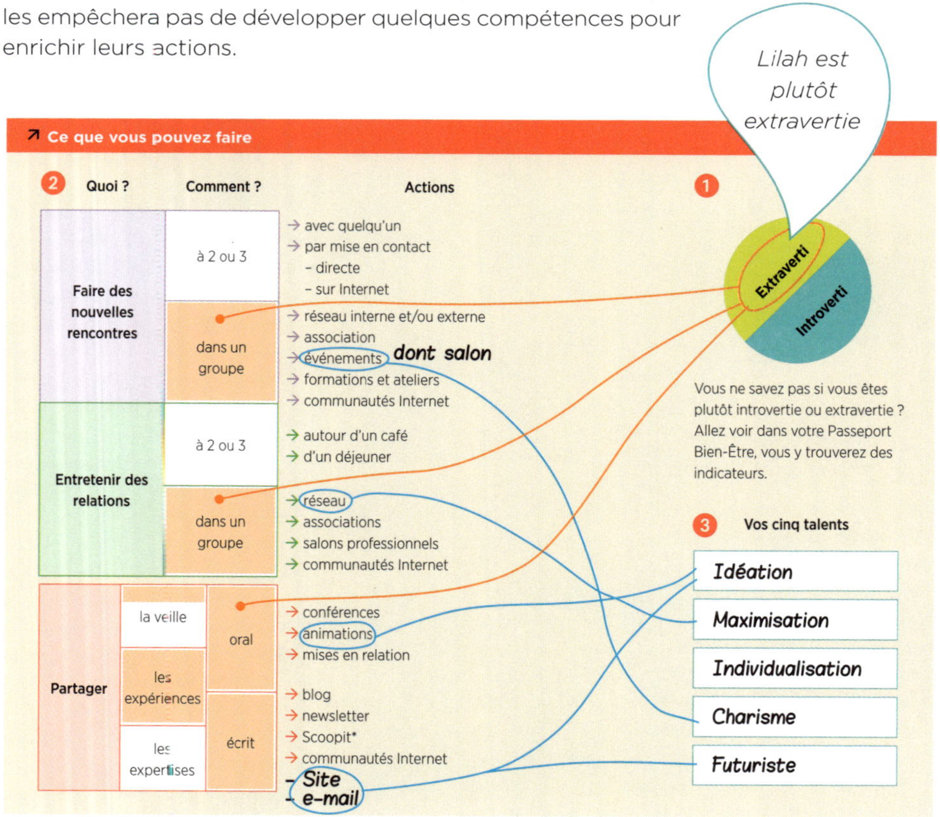

> *Pour moi, rentrer en contact avec des personnes inconnues ne me pose aucune difficulté. C'est dans les cocktails, les grands événements que je suis la plus efficace en réseau, et j'aime ça. Immédiatement je vais à la découverte de l'autre et de ses points forts avec un grand sourire et beaucoup d'optimisme. Mes rencontres doivent être suivies d'expériences communes pour qu'elles s'inscrivent dans la durée. C'est en partageant une activité, un centre d'intérêt que je cultive mes relations. Par exemple en animant des ateliers : j'y ressens un plaisir intense.*
>
> Lilah R.

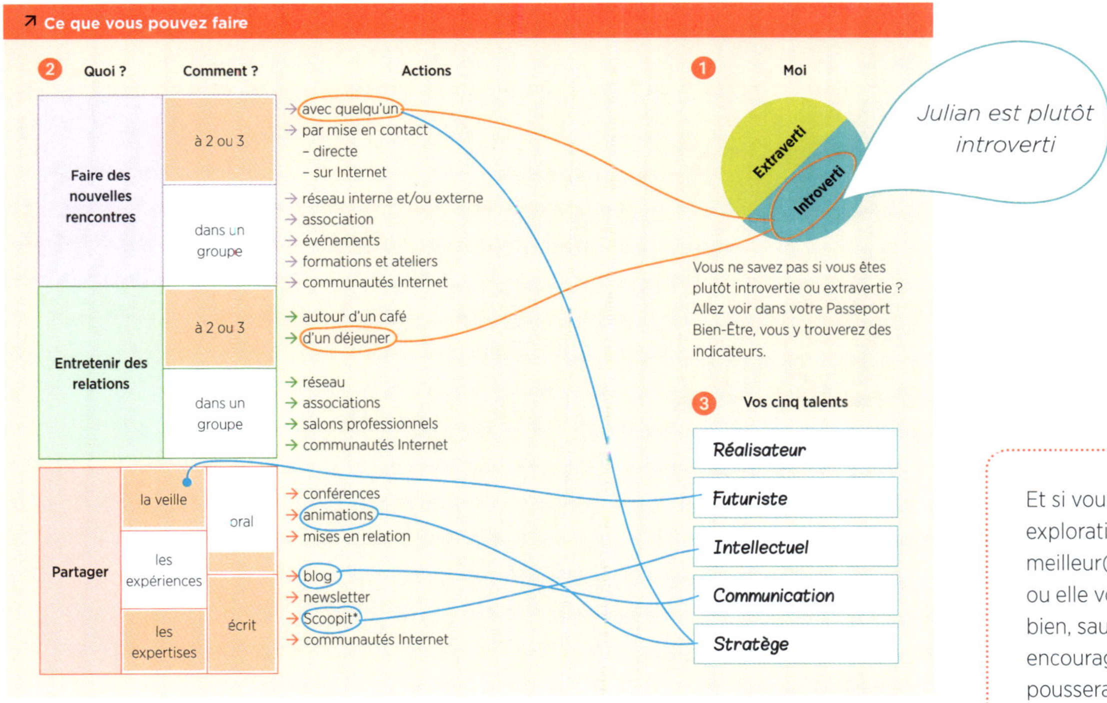

Réseauter, c'était pas mon truc. Je n'y voyais que du bavardage, un peu de vantardise et beaucoup de perte de temps… Bref, tous les a priori et les craintes d'un introverti. Jusqu'au jour où je me suis prêté à cet exercice. J'ai alors découvert que certaines actions non seulement étaient faciles à mettre en place pour moi, mais elles me procuraient aussi de grandes satisfactions, comme tenir un scoopit[53] *: j'aime partager ce que je découvre.*

Julian S.

Et si vous faisiez cette exploration avec votre meilleur(e) ami(e) ? Il ou elle vous connaît bien, saura vous encourager, vous poussera à oser. Si vous avez décidé de faire ce Parcours à plusieurs, organisez une réunion de travail : vous aurez plus d'idées au moment de la concrétisation, et vous pourrez vous encourager dans leur mise en place.

Votre réseau est plus grand que vous ne le pensez…

Avant de mettre en œuvre une action, il est important de faire le point sur son réseau actuel, et d'en dessiner les contours. Pour savoir d'où nous partons. Et, curieusement, souvent pour découvrir que nous sommes en connexion avec plus de personnes que nous ne pouvions l'imaginer.

Votre réseau dans votre environnement proche

Dans votre entreprise ou parmi les personnes avec qui vous travaillez (clients, fournisseurs, partenaires, …), qui vous soutient dans vos projets, dans vos ambitions ? Qui peut vous conseiller ou pourrait servir de relais auprès de quelqu'un que vous ne connaissez pas encore ? Avec qui aimez-vous partager des informations métiers ? Faites-vous partie d'un réseau interne, professionnel ou sportif par exemple ? Contribuez-vous à une communauté ?

À qui pourrais-je parler de mon projet ?

Reproduisez cette Carte Réseau, sur une feuille de calque, avec les mêmes informations en abscisse et en ordonnées que pour votre Carte Itinéraires.

Inscrivez vos contacts dans chacune des cases. Puis superposez vos deux cartes. Vous allez peut-être découvrir que vous connaissez des personnes au bon endroit pour soutenir votre nouvelle destination.

À vous de jouer

- Construisez cette carte en écrivant, dans la zone jaune, les mêmes intitulés que ceux que vous avez inscrits dans votre Carte Itinéraires, p. 137.
- Si vous êtes dans une entreprise, vous pouvez également inscrire dans les cases bleues les mêmes intitulés que sur votre Carte Itinéraires.
- Dans chaque colonne, notez les noms des personnes que vous connaissez. Ajoutez à côté un petit smiley : une couleur différente selon le type de relation que vous avez avec elles.

Ma Carte Réseau

		Moi 20...		

Légende

- Je connais très bien, c'est un(e) ami(e) ou presque
- Nous avons un bon contact
- Nous travaillons ensemble, ou avons eu l'occasion
- ________ Autre possibilité

Téléchargez la Carte Réseau sur www.moileader.fr

Votre réseau élargi

Hors de votre entreprise ou de votre cercle professionnel proche, et même dans vos relations personnelles, vous pouvez trouver des soutiens actifs, et des personnes intéressées par les idées ou les projets que vous portez.

Votre réseau est-il votre fan club ? Vous avez repéré dans les réseaux sociaux des personnes qui ont 500 « amis » ou plus. Excepté si vous êtes déjà une personnalité très reconnue (dans ce cas, vous ne liriez probablement pas ce livre), un grand réseau, c'est ingérable ou de la simple cosmétique.

À l'intérieur de votre réseau relationnel, il peut être intéressant de repérer son fan club : c'est un petit réseau, dont chaque personne est tellement fan de vous, de ce que vous portez, qu'elle le diffusera à son tour : c'est l'effet rebond.

Lorsque vous aurez fait vos deux cartes : réseau interne et réseau élargi, page ci-contre, prenez le temps, en toute lucidité, de déterminer les personnes qui apprécient ce que vous avez à partager, qui savent vendre vos mérites, bref, qui ouvriront leur mail pratiquement chaque fois qu'une information viendra de vous. Mettez-leur une étoile ou entourez leur nom, bref, rendez-les visibles sur votre carte.

Ce petit groupe, votre fan club, n'a pas besoin d'être important, le principal est qu'il soit efficace. Pour cela, tenez vos amis au courant de vos avancées, de votre veille, de vos expériences. Rencontrez-les, échangez, cocréez. Progressivement, par l'effet rebond, ce petit groupe va s'agrandir.

↗ À vous de jouer

- Dans chaque espace (alumni, réseaux professionnels, anciens jobs, divers), notez les noms des personnes que vous connaissez.
- Dans l'espace « Anciens jobs » se trouvent vos collègues d'alors, des fournisseurs, des clients de cette période.
- Dans l'espace « Divers » peuvent figurer des fournisseurs ou des clients actuels, à condition que votre relation dépasse la seule interaction professionnelle, ainsi que des personnes rencontrées dans vos activités de loisirs, des membres de votre famille, pourvu qu'ils partagent vos intérêts professionnels.
- Dessinez à côté de chaque nom un smiley d'une couleur différente, selon le mode de relation que vous entretenez avec elles.

Collez votre photo au centre, vous ressentirez mieux que vous êtes déjà entouré.

☺ Je connais très bien, c'est un(e) ami(e) ou presque

☺ Nous avons un bon contact

☺ Nous travaillons ensemble, ou avons eu l'occasion

☺ ______________

Ma Carte Réseau élargi

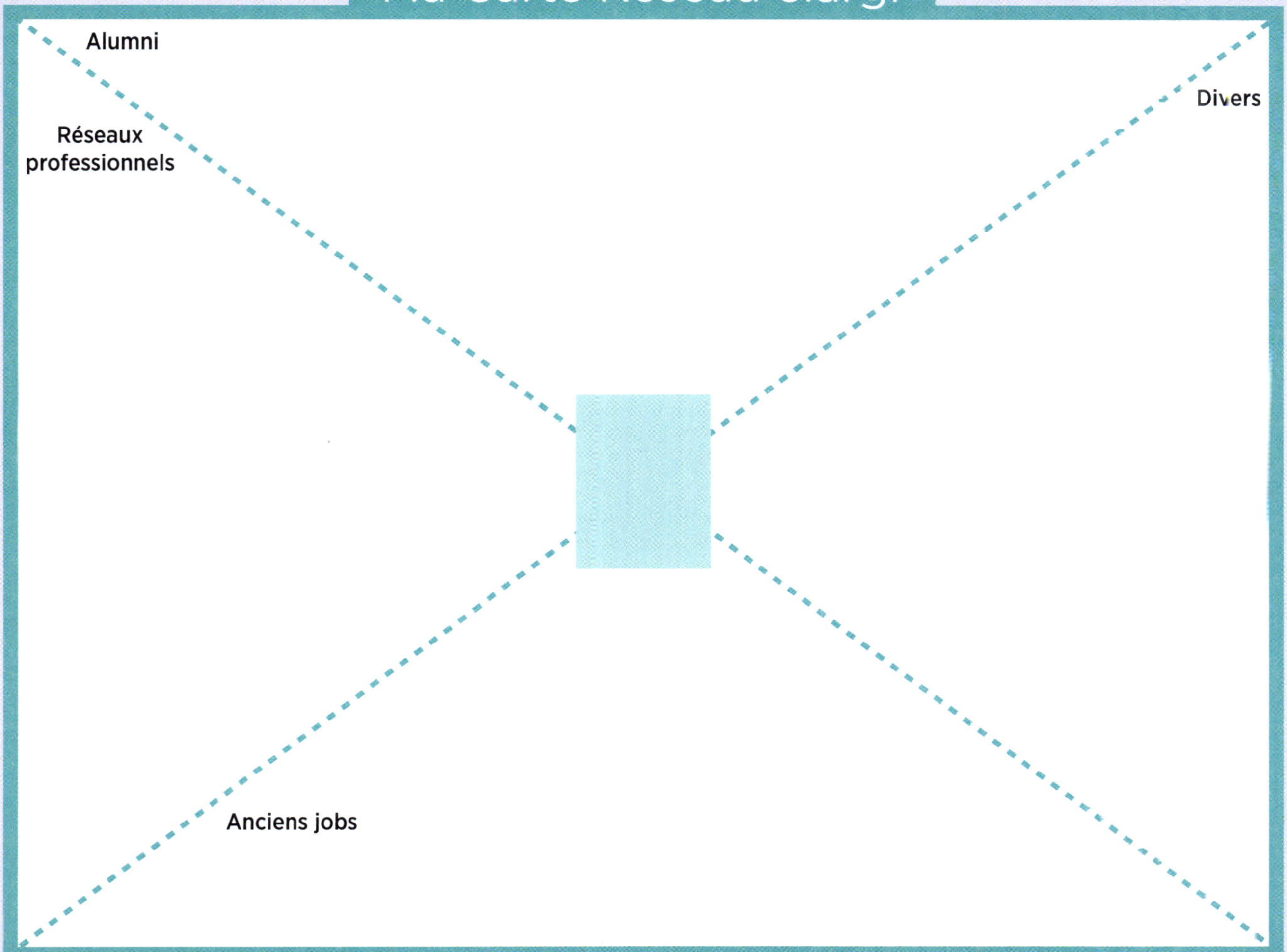

Téléchargez la Carte Réseau élargi sur www.moileader.fr

Réseaux : il y en a pour tous les goûts

Il y a les réseaux sociaux sur Internet, devenus incontournables. Et les réseaux non virtuels : réseaux internes ou externes à une entreprise, toujours porteurs d'un objectif professionnel. Petit tour des types de réseaux dans lesquels votre leadership peut s'exprimer.

Les réseaux sociaux

Pour un leader, sa présence sur Internet est indispensable. Elle permet, à qui souhaite l'approcher, de le « googliser », pour en savoir un peu plus avant de trouver un relais qui la mettra en relation. Leur première vocation : la recommandation.

Inscrivez-vous dans un des deux grands réseaux professionnels : LinkedIn, avec une dimension internationale, et Viadeo.

Les actions minimum

- Mettre votre photo, entre autres pour vous démarquer de vos homonymes.
- Trouver un titre accrocheur et faire un résumé efficace, qui aura de l'impact, de votre histoire (p. 157).
- Inviter les personnes qui figurent sur vos cartes réseaux.
- Faire vivre votre profil en publiant vos actualités.
- Mentionnez également vos sites Web et blog si vous en avez créé.

Les actions plus impliquantes

- Postez un événement auquel vous participez.
- Soyez un relais d'informations.
- Écrivez à un ami ou recommandez-le.
- Mettez en relation des personnes qu'il vous semble judicieux de faire se rencontrer.
- Participez à une communauté thématique, à condition d'être sûre de vouloir y jouer un rôle actif.

Et Facebook ?

A priori, ce n'est pas un réseau social à vocation professionnelle. Mais Facebook aimerait que cela change. En effet, il peut être tout à fait intéressant d'y créer une page dédiée à votre passion, à un projet particulier si vous êtes indépendante ou à l'association que vous avez créée. C'est une autre façon d'exercer son pouvoir d'influence.

Lorsque vous êtes sur un réseau social, vous recevez régulièrement des invitations à vous connecter à d'autres personnes. Soit le système vous fait des suggestions, soit ce sont des contacts spontanés. La plupart du temps, ce sont juste des personnes qui veulent augmenter leurs connexions, sauf si elles prennent la peine de vous expliquer en quoi vous les intéressez et pourquoi elles souhaitent faire partie de votre réseau.
Comme un réseau social est un réseau de recommandation, si j'accepte un inconnu comme contact direct, il me sera difficile, par la suite, de le/la recommander quand on me le demandera puisque… je ne le/la connais pas !

Les réseaux professionnels

Réseaux dans votre entreprise, réseaux d'alumni, réseaux sectoriels ou professionnels, réseaux d'entrepreneurs, politiques et culturels... Ils existent en version mixte ou dédiés aux femmes : rien que pour ces derniers, l'agence Connecting Women[53] en recense plus de 400.

Comment choisir votre réseau ?

Premier critère : être intéressée par l'objectif affiché du réseau. S'agit-il d'un enrichissement mutuel sur un secteur de marché ? Un partage d'expériences entre jeunes chefs d'entreprise ? Une culture partagée avec les anciens d'une école ? Là aussi, votre tempérament vous fera pencher d'un côté ou de l'autre : les introvertis préféreront les petits comités d'expertise, les extravertis n'auront pas peur des grands événements. Dans tous les cas, les relations peuvent aussi se faire en face à face, en marge des événements organisés.

Deuxième critère : mixte ou bien réservé aux femmes ? Les deux se défendent. Dans le premier cas, vous aurez l'occasion d'exprimer votre leadership auprès d'hommes, avec moins d'enjeux (mais peut-être pas moins de stéréotypes) que dans votre entreprise ou que dans votre secteur professionnel. Dans le second cas, vous pourrez vous entraider et vous soutenir sur des problématiques liées aux stéréotypes hommes/femmes, encore très actifs même dans les générations plus jeunes.

Troisième critère : si vous êtes salariée d'une grande entreprise, un réseau interne ou externe ? Aujourd'hui, votre entreprise est votre premier terrain de progression. Nous vous recommandons donc fortement de faire partie d'un réseau interne, s'il existe. Ou peut-être allez-vous le créer ? Les services des ressources humaines sont de plus en plus ouverts à ce mode d'expression. Ou une communauté métiers... Prenez le temps de regarder ce qui existe.

Tenir un agenda réseau

Réseauter prend du temps, parce que cela prend du temps de prendre soin des gens qui comptent pour nous. Dès aujourd'hui, selon le principe de la *time box* (Boîte à Outils p. 178), réfléchissez ici à vos intentions.

↗ À vous de jouer

Inscrivez dans votre agenda les moments de la semaine où vous consacrerez du temps à votre réseau :

- quel jour et quel créneau pour vos actions sur Internet ?

____

- quel jour pour un déjeuner réseau ?

____

- combien de soirées réserver par mois, ou par trimestre, pour participer à un événement réseau ?

____

Communiquez 2.0

Vous pouvez créer une communauté d'intérêt autour du thème qui vous anime : votre fil conducteur ; votre passion ; votre expertise. Vous y trouverez de gros bénéfices associés, notamment la notoriété et la reconnaissance.

Réagir vite, c'est votre truc ? Ouvrez un compte Twitter : en 140 signes, ou une vidéo de 6 secondes, tout votre réseau profite de vos dernières réactions à une conférence, à un article, à une émission.

Suivez d'autres twitters, et relayez leurs twitts. Dans tous les cas relisez-vous : un twitt est si vite parti ! Et pas effaçable.

Vous aimez écrire ? Ouvrez un blog si… vous êtes une experte dans un domaine et que vous souhaitez partager vos recherches, et/ou de vos réflexions. Quel que soit le thème, enrichissez-le régulièrement, au moins deux fois par mois.

Avant de l'ouvrir au public, écrivez au moins cinq billets.

Vous aimez faire de la veille ? Ouvrez un Scoopit[54]. Voici le principe : un journal dont vous seriez le rédacteur en chef. Les journalistes, ce sont tous ces gens qui publient des articles que vous trouvez pertinents ; vous les publiez sous votre bannière.

Quel que soit le thème, enrichissez-le régulièrement.

Avant de le publier, relayez au moins cinq informations.

Pour faire connaître votre réseau, envoyez le lien à votre fan club. Ajoutez l'URL de votre blog ou de votre scoopit à la signature de vos e-mails. Mettez-les également dans votre profil sur le réseau professionnel que vous aurez choisi.

Vous connaissez mieux les contours de votre réseau. Faites le point : vous faut-il l'animer ? Le développer ? Vous savez maintenant que dans ce domaine aussi, il faut garder le Nord, le vôtre. Quelles actions pouvez-vous mettre en œuvre facilement aujourd'hui, qui vous correspondent ?

Action !

- Listez plusieurs actions que vous pourriez entreprendre avec plaisir, notamment reprendre contact avec quelqu'un, vous inscrire dans un réseau ou dans une association, organiser un déjeuner, mettre en lien deux personnes, créer un blog. Vous pouvez les repérer dans le tableau de la p. 185 et les valider avec votre Boussole.

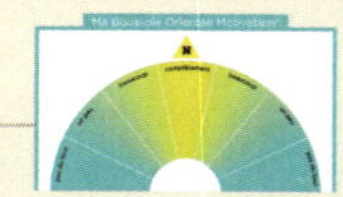

____

____

- Cochez l'action que vous allez mettre en œuvre en premier.
- Faites votre plan d'action.

Quoi ? Où ? Avec qui ?

____

Quand ?

____

Mon premier pas

____

POINT D'ÉTAPE 7

Cultiver mon réseau

Les points clés

- Cultiver son réseau, c'est une bonne façon de cultiver son leadership et de s'entraîner à s'exposer.
- Il existe des réseaux pour entretenir ses relations, d'autres pour partager ses centres d'intérêt, expertises ou passions.
- Il y a de nombreuses façons d'entretenir et de développer son réseau, en fonction de son tempérament et de ses talents.
- Un réseau n'a pas besoin d'être important pour être enrichissant et efficace.

Les exercices et expériences

- Vous avez exploré les actions de réseautage et vous avez déterminé celles qui vous conviennent : elles sont en phase avec votre Boussole.
- Vous avez fait deux Cartes Réseau : votre réseau de proximité et votre réseau élargi.
- Vous avez listé des actions pour cultiver ou pour développer ces relations.
- Vous avez inscrit dans votre agenda une *time box* récurrente pour vos actions réseau.

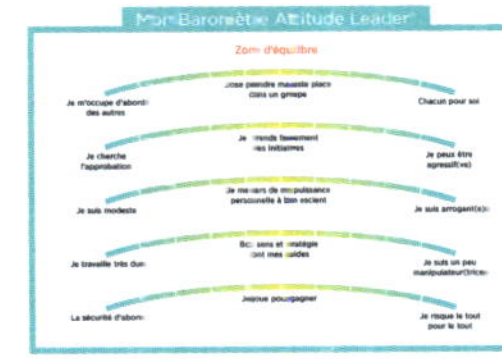

Baromètre Attitude Leader

Nous sommes presque arrivés au bout du Parcours. Regardez votre Baromètre. Examinez chaque barre, observez ce qui a évolué au cours de l'étape 7. Faites bouger les curseurs, sans oublier de dater les nouvelles positions. Tous les indicateurs devraient se trouver dans la zone d'équilibre.

Pour aller plus loin...

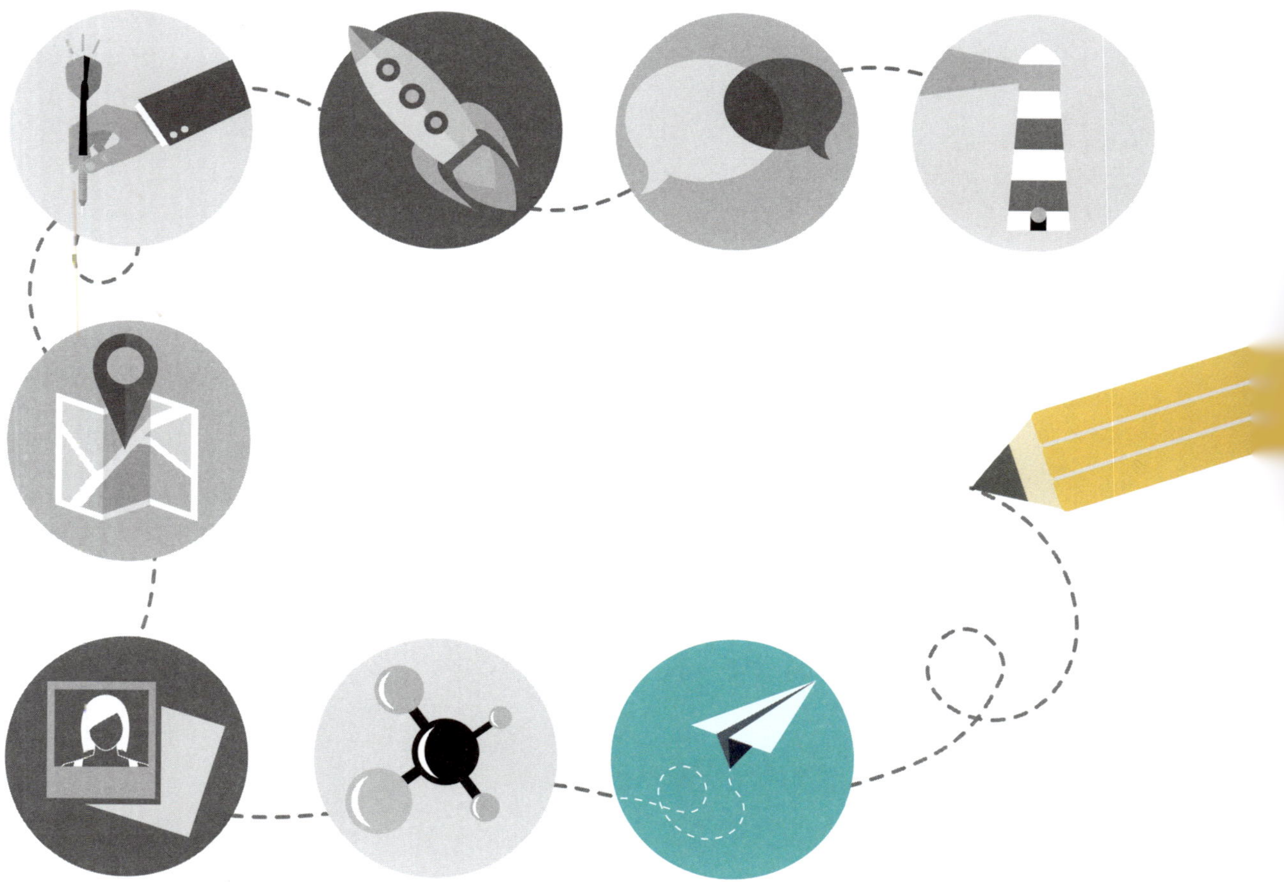

ÉTAPE 8

Pour aller plus loin

Vous arrivez au bout de votre Parcours. Vous êtes dorénavant en mouvement et c'est tant mieux, parce que cela ne s'arrête pas là. Tout au long de votre vie privée et professionnelle, des événements, des opportunités vont vous interpeller, vous questionner, vous enrichir, parfois vous déstabiliser. Cultiver votre leadership est une aventure au long cours !

Dans cette dernière étape, nous souhaitons vous donner des pistes pour approfondir le Parcours entamé dans cet ouvrage et vous rappeler que la Boussole Orientée Motivation® que vous avez construite restera un guide sûr pour vous à l'heure des choix.

À ce stade, vous devez être mieux équipée pour naviguer, y compris par gros temps : faire face aux vagues de stéréotypes et les dépasser ou les contourner.

Bonne route !

Des outils de navigation à réutiliser

Ils vous ont aidé à trouver votre Nord personnel, à choisir votre prochaine destination… Ils vous seront encore très utiles lorsque vous serez… dans le brouillard.

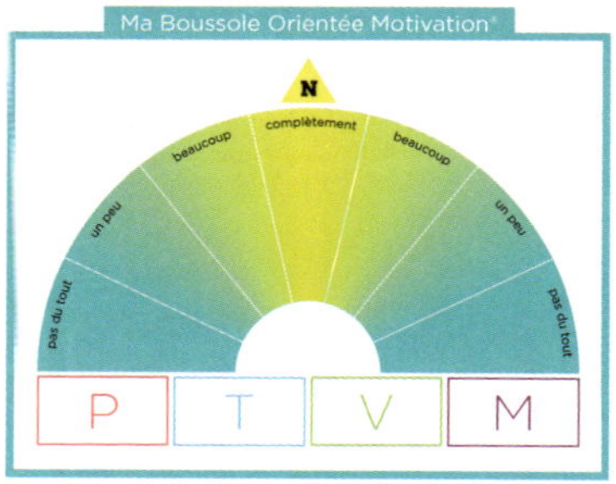

La Boussole Orientée Motivation®

Les éléments qui constituent votre Boussole sont immuables : vos talents, vos valeurs, vos passions, votre mission ne changeront pratiquement pas au cours de votre vie.

Vous pourrez donc utiliser ce guide dans les moments clés pour vous : choisir une nouvelle direction professionnelle, prendre un engagement dans une association, prendre une décision plus personnelle.

Plus vous serez alignée avec votre Nord personnel, plus vous serez efficace, motivée et repérée pour qui vous êtes vraiment.

La Carte Itinéraires

Choisir une nouvelle destination professionnelle, c'est comme préparer un voyage. Quel est le chemin le plus intéressant pour y parvenir ? Ce n'est pas obligatoirement le plus court d'ailleurs. Que dois-je mettre dans mes bagages ? Dans cette liste idéale de choses à emporter, qu'est-ce que j'ai déjà ? Qu'est-ce que je dois acquérir ?

Cette Carte vous aide à faire émerger toutes ces questions afin d'établir le meilleur itinéraire possible pour vous.

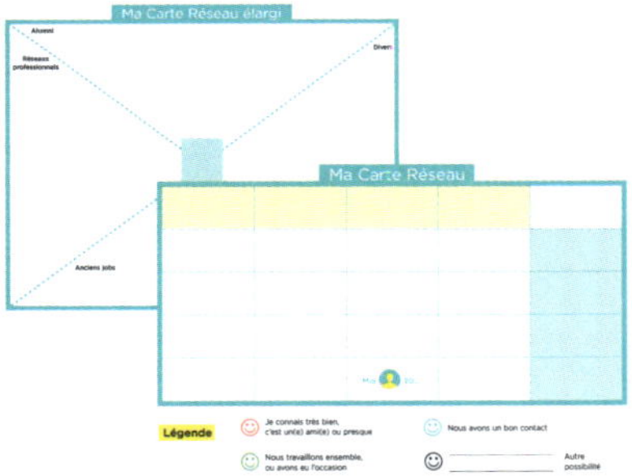

Les Cartes Réseau

Établir la cartographie de son réseau, c'est se donner plus de chances de s'y impliquer efficacement.

Les Cartes que vous avez dessinées ne sont pas statiques : de nouveaux contacts peuvent s'y ajouter, le statut de certaines personnes peut évoluer.

- Suggestion 1 : photocopiez cette carte en format A3, vous pourrez ainsi l'enrichir plus facilement.
- Suggestion 2 : collez la Carte Réseau proche au centre d'une feuille A3, puis redessinez autour la Carte Réseau élargi. Vous pourrez ainsi avoir une vue d'ensemble et, éventuellement, tracer des liens entre les personnes qui se connaissent.

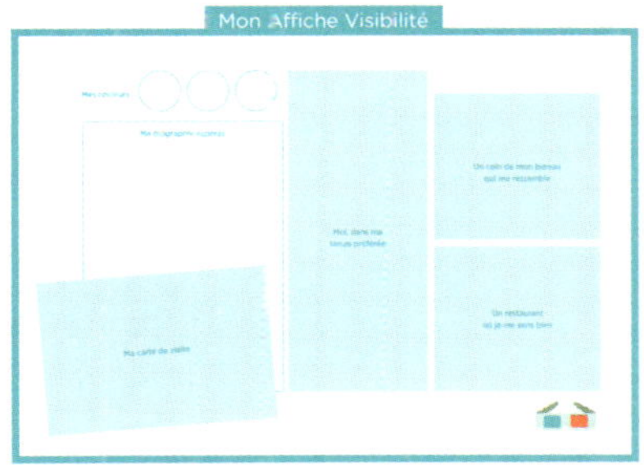

L'affiche Visibilité

Cette affiche va évoluer avec le temps. Vous découvrirez de nouveaux lieux de rencontre qui vous ressemblent, vous changerez de bureau, vous enrichirez votre bio express (p. 174) et vous l'adapterez peut-être aux circonstances. Seules les couleurs resteront stables et vous les interpréterez différemment au gré des saisons et de votre parcours professionnel. Faire évoluer cette affiche vous rappellera qu'il est essentiel de manifester de façon visible votre unicité.

Et le Baromètre ?

Cet outil vous a servi à voir votre progression tout au long de ce Parcours vers la zone d'équilibre. Un travail en profondeur qui, nous l'espérons, a musclé votre confiance en vous.

Parce que ce cheminement s'est fait à pas lents, nous pensons (et espérons) qu'il a favorisé un ancrage profond. Que certaines de vos peurs se sont suffisamment estompées pour que vous puissiez exprimer votre leadership naturel et unique.

Mais peut-être que, de temps à autre, vous aurez envie de vous remettre en mémoire les attitudes leader.

Tous ces outils sont téléchargeables sur www.moileader.fr

Des activités à prolonger

Parmi les activités proposées, certaines méritent d'être poursuivies. Nous allons vous confier comment nous nous en servons encore, parfois après de nombreuses années de pratique.

Les Pages du matin

Trois pages tous les matins, ou presque. Écrites en gros ou en petit. Pour vider sa tête de tout ce qui l'encombre, frustrations tenaces comme idées géniales. Voir p. 144

J'écris des Pages du Matin depuis plus de vingt ans. Elles ont fluidifié ma vie, ouvert des pistes inattendues. Elles continuent de m'aider à construire des relations fertiles avec mes proches, allégées de quelques projections inutiles.

Isabel

Le repérage des stéréotypes

Dans les journaux, à la télévision, dans les conversations, repérer les stéréotypes, essayer de les isoler, c'est la meilleure façon de les combattre. D'abord en ne se laissant pas prendre à leur piège. Ensuite, en évitant de les transmettre. Voir p. 25

Cela fait plus de dix ans que j'accompagne des femmes dans leurs parcours professionnels. Cela fait pourtant peu de temps que j'ai développé une grande acuité concernant les stéréotypes homme/femme. Peut-être parce que j'ai deux filles et que j'y suis plus sensible.

Nathalie

Nous utilisons régulièrement ces outils à titre personnel et professionnel.

Votre Cahier Tendances

Un livre d'images personnel. Vous avez aimé le faire ? Continuez pour au moins trois raisons : le plaisir des formes, des couleurs nourrit votre sensibilité et votre imaginaire. Indispensable pour être plus créatif ! Lorsque vous devrez déterminer de nouvelles directions, il sera source d'inspiration. Voir p. 42
Glissé entre deux dossiers, le feuilleter peut être votre pause antistress. Voir p. 64

J'aime les Cahiers Tendances et je n'en suis pas à mon premier. Je l'utilise avec mes clientes pour les aider à trouver leur identité visuelle. À titre personnel, il m'a été très utile quand j'ai voulu transformer mon appartement. C'est en le feuilletant que j'ai trouvé ce que je cherchais : une maison qui me ressemble.

Nathalie

La découverte des « petits moi »

Cela ressemble à la chasse aux stéréotypes : les repérer, les identifier, les mettre à distance, afin de voir comment s'en servir plutôt que de se laisser manipuler par eux. Chaque « petit moi » découvert, qu'il soit positif, neutre ou négatif, est une opportunité de plus grande liberté intérieure. Voir p. 49

Je sais que c'est un exercice difficile mais très puissant : chaque année, j'en découvre un nouveau, de ceux qui me posent des limites injustifiées, à mon insu. Alors je le dessine et je rentre en conversation avec lui dans mes Pages du Matin : qu'a-t-il à m'apprendre ?

Isabel

Continuez à…

Nous vous avons proposé des actions qui sont des mises en mouvement. Qui relèvent d'une hygiène de vie. Vous voulez être plus souple ou plus musclée ? Vous ne vous arrêtez pas au bout de trois mois de Pilates ou de yoga… C'est un entraînement continu. Il en est de même pour certaines activités : elles restent indispensables pour rester dans une zone d'équilibre.

… faire de la place à vos passions

- Vous faites quoi ?
- Quand ?
- La dernière fois que vous l'avez fait ?
- Une option d'amélioration ?

… exploiter vos talents

- Lequel de vos talents avez-vous vu à l'œuvre dans ces dernières 48 heures ?
- Lequel aimeriez-vous mettre plus en valeur ?
- Que pourriez-vous faire pour cela ?
- Quel serait le premier pas dans cette direction ?

… mettre votre vie à vos couleurs

- Quelle couleur avez-vous osé porter, ou mettre dans votre environnement ?
- Laquelle aimeriez-vous maintenant importer dans votre univers, personnel ou professionnel ?
- Sous quelle forme ?
- Quel serait le premier pas dans cette direction ?

Et toujours à votre disposition

Dans les bagages que nous vous avons proposés se trouvent une série d'outils qui pourront vous servir dans des contextes très différents. N'hésitez pas à les faire vôtres au quotidien.

La Boîte à Outils

Elle contient quatre outils qui vous seront très utiles à différents moments du Parcours, et même après :

- La Carte d'intention
- Le Premier plus petit pas
- Du Temps pour soi
- L'Avocat de l'ange

Elle se trouve p. 176

La Trousse Anti-Stress

Pour le cas où le pas de côté que nous vous proposons provoque une légère montée de stress, nous avons également prévu cette trousse. Elle met à votre disposition des trucs et des astuces pour retrouver calme et sérénité assez rapidement. Elle contient sept outils :

- La Page en vrac
- Respirez !
- Silence...
- Dessinez un monstre
- Méditation flash
- Des pauses de 10 minutes
- L'art du mandala.

Elle se trouve p. 62

Votre Passeport Bien-Être

Vous êtes unique, vos besoins sont donc uniques. Selon votre tempérament, vos rythmes, les orientations seront un peu différentes. Faites donc le point sur des aspects qui peuvent avoir un impact sur l'expression de votre leadership. Il contient trois outils :

- Introvertie ou extravertie ?
- Vous êtes du soir ou du matin ?
- Quel est votre sens dominant ?

Il se trouve p. 126

Dans les trois prochains mois, qu'allez-vous faire ?

Vous êtes sur le point de fermer ce livre. Voici une dernière activité pour surfer sur l'énergie qui vous a animée jusqu'ici.

Nous vous proposons de prendre un engagement : mettre en place trois actions nouvelles dans les trois mois. Voici deux façons de le faire.

Vous écrivez sur cette page ce que vous vous engagez à faire. Datez et signez. Puis notez dans votre agenda, ou utilisez la fonction « rappel » de votre smartphone, un rendez-vous avec vous-même, dans trois mois. Vous pourrez alors venir relire ce que vous aviez écrit…

Vous écrivez une lettre à vous-même pour vous encourager à poursuivre cette démarche. Vous la mettez sous enveloppe avec votre adresse et vous la confiez à un(e) ami(e) ou à une personne de votre petit groupe. Il ou elle aura pour mission de vous l'envoyer dans trois mois.

Aujourd'hui, je m'engage à…

-
-
-
-
-
-
-
-

Des livres pour aller plus loin

Au cours de ce voyage, nous avons évoqué des pistes, ouvert des possibles… Vous avez maintenant peut-être envie ou besoin d'approfondir certains points. Voici des livres qui peuvent vous inspirer comme ils l'ont fait pour nous. Nous avons attribué à chacun un mot clé qui fait référence au Parcours que vous venez de suivre.

Stéréotypes

La vie en rose – Pour en découdre avec les stéréotypes, Albin Michel, 2014.

Brigitte Grésy traque les stéréotypes homme/femme dans tous les recoins de notre vie. Une déconstruction salutaire de nos conditionnements.

Introvertie

Cultiver son réseau quand on déteste réseauter, ESF, 2011.

Allergique aux cocktails et aux mondanités ? Tout va bien, Devora Zack démontre qu'il existe d'autres chemins pour créer un réseau efficace.

Baromètre

Break your own rules – How to Change the Patterns of Thinking that Block Women's Paths to Power, Jossey-Bass, 2011.

Jill Flynn, Kathryn Heath et Mary Holt ont repéré six règles auxquelles les femmes se soumettent et qui les bloquent dans leur progression professionnelle. Nous en avons retenu cinq pour le Baromètre.

Gestion du temps

Priorité aux priorités, J'ai Lu, 2010.

Pratique et concret, l'ouvrage de Stephen Covey vous aidera à faire évoluer votre rapport au temps.

Itinéraires

Business Model You – Pierson, 2012.
Vous avez un nouveau projet professionnel ? Après l'avoir validé avec votre Boussole, voici le livre de Tim Clark et Alexandre Osterwalder qui va vous aider à construire votre business plan, avec une méthode ludique et même conviviale. Comme le livre lui-même.

Fan club

Tribus – Nous avons besoin de VOUS pour nous mener, Diateino, 2009.
Développer votre fan club sur Internet, dans une communauté, c'est votre objectif ? Seth Godin vous initie au concept de tribu.

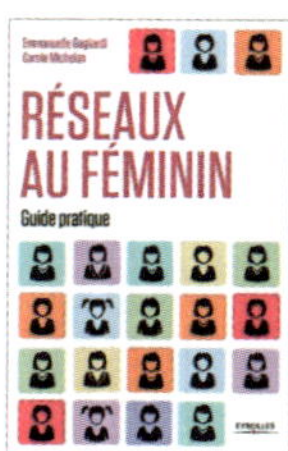

Réseauter

Réseaux au féminin – Guide pratique pour booster sa carrière, Eyrolles, 2013.
Emmanuelle Gagliardi et Carole Michelon ont recensé plus de 400 réseaux qui peuvent aider les femmes à booster leur carrière. Indispensable pour développer son réseau.

Talents

Découvrez vos points forts, Pearson, 2008.
La Gallup Organization a mis au point un détecteur de talents, disponible sous la forme d'un questionnaire en ligne. La méthode de Marcus Buckingham et Donald Clifton, fondée sur une analyse statistique des comportements, est très innovante. Ils donnent les clés pour utiliser ce détecteur et pour en interpréter les résultats.

Premiers pas

Un petit pas peut changer votre vie – La voie du Kaizen, Le livre de poche, 2007.
Le livre de Robert Maurer se lit comme un roman, il donne les clés du changement qui dure : le petit pas.

Lettre aux auteures

Après vous avoir accompagnée tout au long de ce voyage, nous serions très heureuses que vous preniez le temps de partager avec nous votre expérience, et vos suggestions.
Écrivez-nous… Comme lors de nos formations et de nos coachings, chaque expérience vécue avec les personnes que nous accompagnons nous permet d'enrichir notre pratique. Merci d'avance !

Courrier à adresser à :

Isabel Fouchécour et Nathalie Renard
Éditions Eyrolles
61 bd Saint Germain
75240 Paris Cedex 05

Chère Nathalie, chère Isabel,

- ☐ *Je vous autorise à publier mon témoignage sur moileader.fr avec mon nom.*
- ☐ *Je vous autorise à publier mon témoignage sur moileader.fr avec mes initiales*
- ☐ *Je ne souhaite pas que mon témoignage soit publié.*

Notre histoire

Entre elles, tout commence dans un café. Il ne leur faut pas une demi-heure pour savoir que, ensemble, elles fabriqueront des cahiers, des livres..., des objets qui laissent de la place aux lecteurs pour écrire, coller, dessiner...

Points de départ : le Personal Branding pour Nathalie, la créativité fondamentale pour Isabel. Très rapidement, elles échangent leurs savoirs et créent, avec un troisième comparse, Pierre Clause, l'agence Nextcreativity. L'un de leurs chevaux de bataille : l'articulation entre vie personnelle et vie professionnelle.

Leurs diverses expériences, tant personnelles que professionnelles, renforcent cette certitude : on ne change pas de comportement ou d'attitude en deux jours, on n'évolue pas de façon durable sans implication de la sphère personnelle. Fortes de cette conviction, Nathalie et Isabel mettent au point des Parcours, aussi bien dans les coachings que dans les formations qu'elles animent.

Des Parcours comme des voyages, avec les mêmes ingrédients : de l'aventure, des surprises, des expériences, des pauses, des découvertes... Et, pour ne pas se perdre en route, des outils de navigation.

C'est dans cet esprit également qu'elles ont conçu leurs premiers cahiers d'exercices, aux éditions ESF. Aujourd'hui, après avoir longuement tricoté ensemble leurs approches et leurs talents, Nathalie et Isabel vous proposent, avec ce livre, un grand voyage. Préparez-vous, il va être temps de larguer les amarres pour mettre plus de vie dans votre vie professionnelle.

Le voyage des auteures ne s'arrête pas là : elles participent au projet très innovant de la société Nextmodernity, le Digital Learning sur tablette : des applications destinées aux entreprises. Première formation sous cette forme ? *Leadership/l'app*, pour développer un leadership créatif, intuitif et audacieux : le même Parcours que dans ce livre.

Vous voulez en savoir plus sur les parcours des auteures ? Rendez-vous sur **www.moileader.fr**

Des mêmes auteures, aux éditions ESF :

- *Cahier d'exercices pour être créatif au quotidien*, 2013.
- *Personal Branding, démarquez-vous !*, col . « Management », 2013.
- *Cahier d'exercices pour mieux se connaître*, 2011.
- *Cahier d'exercices pour tenir ses bonnes résolutions*, 2010.

Avec Pierre Clause, aux éditions ESF :

- *Cultivez votre créativité*, coll. « Management », 2012.
- *Évacuez votre stress*, coll. « Management », 2011.

Remerciements

Nous voulons remercier tous ceux et toutes celles qui ont permis à ce livre d'exister...

Richard Collin et ses associés de Nextmodernity qui nous ont ouvert les portes du monde de l'édition.

Notre comité de lecture, toujours très attentif, exigeant et néanmoins bienveillant : Nathalie Allard, Marine Clause, Marc de Fouchécour, Fabien Lair. Ainsi que le groupe des « dix », lequel, au cours d'une séance animée et chaleureuse de brainstorming, nous a aidées à trouver le titre du livre et à affiner son positionnement.

Tous les clients avec lesquels nous avons testé le Parcours et les outils que nous avons créés.

Mark Bryan et Béatrice Cuvelier qui nous ont transmis les fondamentaux de la créativité fondamentale et du Personal Branding.

Nos « maîtres » et inspirateurs : Denis Marquet, Michele Cassou, Danièle Darmoni, Sylvie Mattera, Brigitte Grésy, Robert Maurer.

Sans oublier nos compagnons de vie, aussi patients que stimulants, ainsi que nos sœurs respectives Françoise C. et Virginie R. : l'une a abrité d'intenses heures d'écriture, l'autre a bien voulu servir de « cobaye ».

Enfin, Marguerite Cardoso, notre éditrice : avec humour et ouverture d'esprit, elle nous a aidées à rendre fluide la lecture et la mise en pratique de ce livre.

Notes

1. Brigitte Grésy, *La vie en rose,* Albin Michel, p. 190.
2. Brigitte Grésy, *op. cit.* p. 158.
3. Goethe, *Le juif errant.*
4. Chris Viehbacher, Sanofi.
5. Dominique Hériard Dubreuil, Rémy Cointreau.
6. John Quincy Adams, président des États-Unis de 1825 à 1829.
7. Jack Welch, président du groupe General Electric de 1981 à 2001.
8. Herbert von Karajan, chef d'orchestre autrichien du XXe siècle.
9. Françoise Gri, femme d'affaires et auteure.
10. Kenneth I. Adelman, diplomate américain.
11. Mark Bryan, Julia Cameron, *The Artist's Way At Work,* Quill, p. 59. Non traduit en français.
12. Christine Harache, *Toute la fonction d'assistante,* Dunod.
13. Brigitte Grésy, *op. cit.* p. 214-215.
14. Brigitte Grésy, *op. cit.*
15. Benjamin Franklin, *Almanach du pauvre Richard.*
16. Anaïs Nin, *Journal.*
17. Jill Flynn, Kathryn Heath, Mary Davis Holt, *Break your own rules – How to Change the Patterns of Thinking that Block Women's Paths to Power.* Non traduit en français.
18. Picasso, extrait d'un entretien publié en 1935.
19. James Navé, poète, performeur et stratégiste en créativité.
20. Roberto Assagioli, (1888-1974) disciple de Freud et de Jung, fondateur de la psychosynthèse. S'appuyant sur ses racines analytiques (rigueur et ouverture de l'attitude analytique) elle utilise, à l'intérieur de son cadre, les outils du travail thérapeutique intégrant les dimensions du corps, des émotions, de l'intellect et de l'âme.
21. Mark Bryan, Julia Cameron dans The Artist's Way At Work, *op. cit.* p. 4-5. Non traduit en français.
22. Le *Ramayana,* c'est-à-dire le « Parcours de Rama ». Cette épopée mythologique est l'un des écrits fondamentaux de l'hindouisme, composé entre le IIIe siècle av. J.-C. et le IIIe siècle de notre ère.
23. Professeure Anne Ancelin Schützenberger, créatrice de la psychogénéalogie, auteure de plusieurs livres dont *Aïe, mes aïeux !* Desclée de Brouwer, et *Exercices pratiques de généalogie,* Payot.
24. Kobus Neethling, président de la Fondation South African Creativity, auteur de nombreux livres sur la créativité.
25. Arthur Schopenhauer, philosophe, 1788-1860.
26. Mindfulness, ou « méditation de pleine conscience ». Approche occidentale d'une pratique bouddhiste vieille de 2600 ans, la méditation zen, largement développée par John Kabat-Zinn.
27. Xavier Cornette de Saint Cyr, *Petit Cahier d'exercices pour découvrir ses talents cachés,* Jouvence.
28. L'Institut Gallup, fondé en 1958 par George Gallup, offre des services de recherche touchant la gestion du management, la gestion des ressources humaines et les statistiques.
29. Jacques Brel, extrait de la chanson « Fils de... ».
30. Henri Bosco, *Un rameau de la nuit,* coll. « Folio » Gallimard.
31. Honoré de Balzac, *Le Cabinet des Antiques,* coll « Folio »,, Gallimard.
32. Extrait de *The Course in Miracles* repris par Nelson Mandela lors de son discours inaugural en 1994.

33. Mohammed Ali, boxeur américain, né Cassius Clay, champion du monde.
34. La Rochefoucauld, *Maximes et réflexions diverses,* coll. « Folio », Gallimard.
35. D'après Shalom Schwartz, *Les valeurs de base de la personne : théorie, mesures et applications*, traduction de Béatrice Hammer et Monique Wach, *Revue française de sociologie*, éd. Ophrys, 2006/4 - volume 47, pages 929 à 968. http://valeurs.universelles.free.fr/theorie-schwartz-1.html
36. Gaston Bachelard, *La Formation de l'esprit scientifique,* Vrin.
37. Hillel l'Ancien, sage et dirigeant religieux, vécut à Jérusalem au temps d'Hérode et de l'empereur Auguste.
38. Paul Auster, *Moon Palace*, Faber & Faber
39. Abraham Maslow, psychologue américain (1908-1970) surtout connu pour son explication de la motivation par la hiérarchie des besoins, souvent représentée sous forme de pyramide, dite « Pyramide de Maslow ».
40. *Business Model You* est une méthode très « cerveau droit » pour réinventer sa carrière, conçue Par Tim Clark en collaboration avec Alexandre Osterwalder, Yves Pigneur et une équipe de 328 professionnels de 43 pays.
41. Steve Jobs, créateur d'Apple, dans son discours aux étudiants de Stanford en 2005.
42. Toefl (*Test of English as a Foreign Language*) et Toeic (*Test of English for International Communication*) sont des tests standardisés payants qui visent à évaluer l'aptitude à utiliser et à comprendre la langue anglaise dans un contexte universitaire ou professionnel.
43. Jean Rostand, *Inquiétude d'un biologiste,* Le Livre de Poche.
44. Cédric Vimeux, Blog Webmarketing » Copywriting » *Comment raconter votre histoire et toucher vos lecteurs,* www.virtuose-marketing.com.
45. Nicolas Thebault, fondateur du cabinet de conseil Tebopro, forme aux techniques du pitch. http://www.lhotellerie-restauration.fr/journal/emploi/2012-01/Le-pitch-une-arme-au-service-du-recrutement.htm
46. Nesma Houhou, Slideatworkk.fr.
47. Ces chiffres sont le résultat de deux expériences de psychologie expérimentale menées en 1967 par Albert Mehrabian, professeur de psychologie à l'université de Californie, et Susan R. Ferris, puis du même professeur, cette fois avec Morton Wiener.
48. Le terme *Personal Branding,* ou « marketing personnel », est apparu en 1981 dans le livre *The Battle for your Mind,* de Al Ries et Jack Trout. Par la suite, William Arruda a fondé Reach qui forme des stratégistes en Personal Branding.
49. Martin Scorcese, réalisateur. Extrait du film *Les infiltrés*.
50. D'origine japonaise, le kaizen est un processus d'améliorations concrètes, simples et peu onéreuses. C'est tout d'abord un état d'esprit qui nécessite l'implication de tous les acteurs.
51. Carte heuristique (*mind map*) : schéma qui permet de représenter visuellement et de suivre le cheminement associatif de la pensée, à partir d'un centre. Xavier Delengaigne et Luis Garcia, *Boostez votre créativité avec le mind mapping,* Dunod.
52. Marylène Delbourg-Delphis, in *Tribus* de Seth Godin, Diateino.
53. Emmanuelle Gagliardi, Carole Michelon, Réseaux au féminin, *Réseaux au féminin - Guide pratique pour booster sa carrière,* Eyrolles.
54. Scoopit : un outil de publication sur Internet. Vous choisissez votre thème et vous sélectionnez sur le Web les articles qui correspondent à votre point de vue. En bref, vous êtes le rédacteur en chef.

Dépôt légal : octobre 2015
Imprimé en Pologne par Interak